Topos Taschenbücher
Band 258

Kyrilla Spiecker

Zerreißproben

Nazihaft – Ärztin im Kriegseinsatz –
Klosteralltag

Topos Taschenbücher

3. Auflage 1997
© 1996 Matthias-Grünewald-Verlag, Mainz
Alle Rechte vorbehalten. 1. Auflage 1996
Reihengestaltung: Harald Schneider-Reckels und Iris Momtahen
Abbildung: Kyrilla Spiecker, Vietnam (1967)
Druck und Bindung: Clausen & Bosse, Leck

ISBN 3-7867-1911-X

Inhalt

Auftrag und Anliegen

Wenn ich im Hochgebirge in aller Herrgottsfrühe bergauf stieg, um auf dem Gipfel mit meinem Morgenlob die Sonne zu wecken, war der Tag noch schattenlos jung. Zeitlebens bin ich der Sonne entgegengelaufen und habe nicht rückwärts geblickt. Inzwischen ist es Abend geworden, und ich bin aufgebrochen in Gottes Sonnengesicht.

Nun bat mich meine Äbtissin Hagia Witzenrath doch einmal rückwärts zu schauen. Als ich 1916 das Licht der Welt erblickte, begann mein Schatten zu wachsen. Vielleicht berührt er noch die Schwelle des dritten Jahrtausends. So wage ich den Hürdenlauf über den eigenen Schatten.

In diesen Streiflichtern berichte ich von persönlichen Erinnerungen: bis 1945 als hautnaher Zeitzeuge, danach als Benediktinerin. Als Tochter eines christlichen Politikers war mein Leben als Kind, als Studentin und Ärztin geprägt vom Zeitgeschehen der Weimarer Republik, der Naziherrschaft und des Zweiten Weltkrieges. Auch mit dem Klostereintritt bleibe ich ein Kind meiner Zeit. Ich lebe nur unter anderen Bedingungen. Äußerlich ist mein Leben nicht mehr so ereignisgeladen wie vordem. Dennoch ist es nicht weniger spannungsreich und spannend. Da der Chordienst unseren Tag gliedert, teilt auch die Arbeit diesen Rhythmus, und er kann sie von innen verwandeln.

Fünfzig Klosterjahre ließen mich reifen. In dieser Zeit wurde ich nicht nur gefordert, sondern auch göttlich beschenkt. Ich habe erfahren, was „mit *Gott* tauschen" bedeutet. Weil mich Gottes Atem überall anwehte, nahm er mir die Angst vor dem Schweren und überhöhte das Schöne. So vermag ich rückblickend von meinem – unserem – Auftrag für die Welt zu sprechen, aber auch vom

Leben in Gemeinschaft nach der Regel des hl. Benedikt von Nursia, in der Bindung der Gelübde (öffentliches Gelöbnis) wie von meinen persönlichen Schwierigkeiten und Aufgaben. Erleben läßt sich nicht verallgemeinern, weil wir Menschen sehr unterschiedlich wahrnehmen, empfinden und reagieren. Das ist in der Klausur nicht anders als in der „Welt". Dennoch reicht das Verbindende über unsere Mauern hinaus. Unser Bemühen, gemäß dem Evangelium zu leben, ist nur *eine* Variante der Gottsuche – andere mögen es Sinnsuche nennen. Deshalb kann mein ungeschminktes Selbstzeugnis, das weder erbaulich noch ein frommes Klischee ist, vielleicht dem einen oder anderen Mut machen.

Ich schaue auf ein schweres, aber erfülltes Leben zurück. Ungeprüft wäre es leer und fade geblieben. Meine Erziehung und die mannigfaltigen Herausforderungen vor meinem Eintritt haben mir geholfen, auch das grundandere Leben im Kloster als Herausforderung anzunehmen und fruchtbar werden zu lassen. Ich möchte mit keinem tauschen.

Mit diesem Erinnern möchte ich auch allen danken, denen ich in meinem langen Leben begegnet bin, die mich erzogen, geführt, begleitet und ertragen haben.

Herstelle / Weser
Abtei vom Hl. Kreuz
1995   *Kyrilla Spiecker OSB*

1916–1945

Schwierige Symbiose

Meine zarte Mutter war zwanzig Jahre alt, als ihre „Erst-
linge" im August 1916 in Berlin-Steglitz das Licht der Welt
erblickten. Der Krieg währte schon zwei Jahre, und die
Versorgung war schlecht. Ich erschien zehn Minuten vor
meinem Bruder. Da kein „blaues Blut" in unseren Adern
kreiste, blieb ich die Erstgeborene. Damit es auch bei der
Taufe in der Rosenkranzkirche (Berlin-Steglitz), die Pfarrer Dr. Josef Deitmer, der spätere Weihbischof von Berlin,
spendete, keine Verwechslung gab, wurden wir mit einem
blauen und rosa Bändchen kenntlich gemacht. Mein Zwillingsbruder erhielt den Namen meines Vaters: Karl, ich
den meiner Mutter: Adelheid. Anfangs belegte mein Bruder das Kopfende des Kinderwagens; ich lag am Fußende.
Doch bald tauschten wir die Plätze. Ich blieb zeitlebens
zart und physisch wenig belastbar.
Doch in den zerbrechlichen Eierschalen steckte ein kleiner
Löwe, der das friedliche Zusammen in mir wie mit anderen oft sprengte. Die Löwennatur hilft mir, Schwächen
und Tiefs zu überwinden. Ich wurde zum Stehaufmänn-
chen. Doch verleitete mich das „Löwenblut" oft zu unan-
gemessenen Selbstüberforderungen wie die anderen zum
Mich-Überfordern. Am Ende mußte ich beides kleinlaut
bezahlen. Aber ich muß noch mit anderen Gegenpolen leben, die zwar Spannung, aber keineswegs immer Licht er-
zeugen, sondern auch Funken. Aber davon später.
Vermutlich waren wir Zwillinge nicht der Volksschule gewachsen. Denn nach einem Jahr bekamen wir eine Hauslehrerin, die uns – und später auch meine Schwester Ursula
– unterrichtete. Das geschah zu unserem Mißfallen zusätzlich mit einem Rohrstock, mit dem die Anzüge meines

Vaters ausgeklopft wurden und der für unsere Finger miß-
braucht wurde. Wir rächten uns dafür, indem wir ihn in
schöner Regelmäßigkeit gemeinsam in Stücke zerbrachen.
Auch das Rothenburg-Gymnasium besuchte ich nur
eineinhalb Jahre. Dann kam mein Bruder Karl nach Bad
Godesberg ins Internat der Jesuiten, meine Schwester Ursula und ich ins Internat der Franziskanerinnen auf der
Rheininsel Nonnenwerth. Selbst dort mußte ich bald die
Krankenstation beziehen, weil ich nicht nur Zwischen-
mahlzeiten brauchte, sondern über Wochen und Monate
aussetzen mußte. Die Schwestern erfanden zu meiner Pu-
ste-Blume-Existenz eine fromme Legende und sagten mir
50 Jahre später, ich sei das stillste, bravste und frömmste
aller „Inselkinder" gewesen. Als ich diese Mär meinen
Mitschwestern erzählte, lachten sie schallend.
Alle Abhärtungsversuche endeten immer im Bett. Meine
schnelle Erschöpfbarkeit demonstriere ich auf einem
Gruppenbild. Wenn ich nicht zuerst fotografiert wurde,
schauten meine Augen bereits glasig ins Nichts. Ich war
schon viele Jahre im Kloster, als mir meine Mutter erzählte, daß ein berühmter Kinderarzt, den meine Eltern
mit mir aufgesucht hatten, eine Leukämie bei mir festge-
stellt habe. Er riet meinen Eltern: „Seid lieb zu dem Kind,
es lebt nicht mehr lange!" Man sollte diese lebenserhal-
tende Therapie öfter anwenden!

Persönliche Erinnerungen an meinen Vater

Als ich geboren wurde, war mein Vater Gefreiter im
Krieg. 1917 ging er in die Nachrichtenabteilung des Aus-
wärtigen Amtes zurück. Obwohl ein Mann des Wortes,
war er verschlossen und schweigsam. Vielleicht wurde er
es auch als „Geheimnisträger". Das gab vielen Gerüchten
und Unterstellungen Nahrung. Mein Vater litt darunter.
Seine klugen und guten Augen waren für uns überzeugen-

der als seine Maske als Staatsmann. Auf keinem der offiziellen Bilder habe ich ihn lächeln sehen. Seine politischen Erfahrungen scheinen ihm das Lächeln geraubt zu haben. Immer beherrscht, hörten wir ihn nur beim Zusammensein mit persönlichen Freunden – wenn sie in unserem ausgemalten Bierkeller Erbsensuppe mit Würstchen aßen – befreit lachen. Mein Vater war ein großer Hundeliebhaber. Ein Foto aus seinem letzten Lebensjahr zeigt ihn im Spiel mit seiner Dogge. Hinter das Foto schrieb er mir: „Im trauten Zwiegespräch". Wie einsam muß er gewesen sein! Auf der Gruppenaufnahme nach der Priesterweihe meines Bruders Rochus (1949) aber verspürt man Vaters bewegte Freude. Wenige Tage später erlitt er einen Herzinfarkt.

Seine Liebe zu uns versteckte er hinter seiner Schüchternheit. Bevor er seinem winzigen Enkel einen Kuß gab, erzählte meine Schwester, sicherte er sich ab, um ja keinen Zeugen zu haben. Uns strich er schon einmal liebevoll übers Haar und nannte uns dann Wölfchen, Karlchen, Urselchen, Heidikind oder Heidchen. Er schmunzelte vergnügt, wenn wir witzig und schlagfertig reagierten. Als er nach der Heimkehr meines Bruders Rochus aus amerikanischer Kriegsgefangenschaft feststellte, wieviel Humor sein jüngster Sprößling besaß, war er glücklich. Mein Zwillingsbruder Karl blieb im Osten vermißt.

Wir vier Geschwister haben vom Vater die Liebe zum Wort und den Humor geerbt. Doch wenn er unsere künstlerischen Versuche besah, meinte er: „Von wem habt ihr das eigentlich?" Er liebte die gewachsene Schönheit, wie sie durch meine Mutter zu Hause entstand. Protz und Angeberei verabscheute er. Mein Vater war ungemein gebildet und beherrschte viele Sprachen. Als Rochus einen lateinischen Satz in unser Gästebuch schrieb, meinte mein Vater dazu: „Rochus, das ist aber kein klassisches Latein!" In Paris erzählte er mir einmal, er lese gerade Thomas von Aquin…

Ob mein Vater mit bedeutenden Kirchenleuten, mit Thomas und Heinrich Mann und Einstein nur politischen Gedankenaustausch pflegte oder mit ihnen befreundet war, weiß ich nicht. Vaters soziales Engagement erfuhr meine Mutter, wenn Dr. Carl Sonnenschein immer wieder „Ladungen" von Studenten zum Abendtisch schickte. Klingelte ein Bettler, ging mein Vater persönlich ans Gartentor und unterhielt sich mit ihm, bevor er die Brieftasche zog. Vater erwartete, daß wir mit den Dienstboten sehr höflich umgingen und an sie keine Ansprüche stellten. Was wir allein tun könnten, müßten wir auch ohne ihre Hilfe tun, meinte er. Sie seien nicht für uns Kinder da.

Von unserer Erziehung hatte mein Vater klare Vorstellungen. Wir sollten zu verantwortungsbewußten, wohlgesitteten, bescheidenen, hilfsbereiten, liebenswürdigen, lauteren jungen Menschen heranwachsen. Wir sollten ein Ziel haben, um einmal unsere Gaben und unsere Ausbildung in den Dienst anderer stellen zu können. In den Tag hinein zu leben lag uns auch nicht. Er verlangte Pünktlichkeit von uns. Sie sei die Höflichkeit der Könige. Nicht nur das Erlernen von Fremdsprachen – das uns zweitrangig erschien –, noch mehr unser Umgang mit der Muttersprache lag ihm am Herzen. Wir mußten uns kurz, klar und jedem verständlich ausdrücken. Flickwörter und verschwommene Ausdrucksweise ließ er nicht zu. Als Politiker wußte er, wie gefährlich eine unklare, unsaubere, zweideutige Sprache war, die allzu oft in unlauterer Absicht eingesetzt wird. Zu unserem großen Leidwesen mußten wir deswegen in den Ferien ein Tagebuch führen. Weder uns noch meiner Mutter gegenüber habe ich meinen Vater erregt oder zornig erlebt. Streitgespräche fanden nicht oder nicht in unserer Anwesenheit statt. Wenn wir bei meinem Vater etwas durchsetzen wollten, wies er uns jedesmal an die Mutter. Er wollte sich nicht einmischen.

Trotz seiner Zurückhaltung fühlte sich niemand von uns vernachlässigt oder zu wenig geliebt. Vermutlich haben wir seine Herbheit geerbt und reagieren wie er. Ich denke voll Stolz und Dankbarkeit an meinen Vater, der sich aus christlicher Verantwortung so viel undankbare Last aufgeladen hat.

Mein Vater als Politiker

Mein Vater wurde 1888 in Mönchengladbach geboren. Sein eigener Vater war dort Postbeamter. Meine Großmutter, Katharina Schievekamp, kam aus Wesel. Ich habe die Großeltern nicht mit Bewußtsein gekannt. Mein Vater hatte drei Schwestern und zwei Brüder. Weil mein Vater nie über sich sprach, habe ich keine persönlichen Kenntnisse über seinen Werdegang. Erst nach seinem Tod erfuhr ich durch seine Lieblingsschwester, die Franziskanerin war, daß mein Vater Doktor der Theologie und Philosophie war. Er hatte wohl auch Zeitungswissenschaft studiert, da er schon 1922 Chefredakteur der „Germania", des damaligen Zentrumsorgans, war.

Was ich hier von den vielen verantwortungsreichen Aufgaben auszugsweise mitteile, weiß ich nicht durch ihn. Deshalb lasse ich Kundige zu Wort kommen: Zeitlebens sei mein Vater eine graue Eminenz in der Politik gewesen, ein politischer Weichensteller im Hintergrund. Das beträfe sowohl seine Tätigkeit beim Abstimmungskampf in Oberschlesien (1920) wie seine Arbeit als Reichspressechef der Reichsregierung unter Reichskanzler Wilhelm Marx (1923). Dort sei er der eigentliche Führer des Kabinetts gewesen. Als linker Zentrumspolitiker kämpfte er in vorderster Front in verschiedenen republikanischen Gremien und wurde Mitglied im Bundesvorstand des „Reichsbanners". 1930 wurde er Sonderbeauftragter des Reiches zur Bekämpfung des Nationalsozialismus, leider ohne die notwendigen Vollmachten durch Reichskanzler Brüning. „Als Österreicher hätte man Hitler ausbürgern können", sagte mir Vater einmal – und: „Schade, daß er nicht in die Kunstakademie aufgenommen wurde – dann hätte er nur schlechte Bilder gemalt!"

Seit 1933 im Exil in Paris, gründete mein Vater „maßgeblich" die „Deutsche Freiheitspartei" (DFP). Ihr folgten 1937 die „Deutschen Freiheitsbriefe". Die anonymen Artikel sollten den Eindruck erwecken, als seien sie von Oppositionellen in Deutschland verfaßt worden. Sie forderten zum Sturz des Nazi-Regimes auf, kommentierten innen- und außenpolitische Ereignisse und mahnten zur Besinnung auf christliche Werte. Gelegentlich charakterisierte man meinen Vater so: „Persönlich immer im Hintergrund, suchte er die Sache in den Vordergrund zu stellen, wobei er alle Fäden stets selbst in der Hand behielt." Auch seine Sendungen über die BBC und einen „grauen Sender" waren anonym. Dort sprach er über Jahre täglich 15–20 Minuten. Ab 1938 gab er von Paris aus die in Großbritannien verteilte Monatszeitschrift „Das wahre Deutschland" heraus, das den Untertitel „Auslandsblätter der DFP" trug. Das hohe Niveau der Beiträge wie deren Anonymität verhinderten die notwendigen Zuschüsse. Deswegen mußte die Zeitschrift 1940 eingestellt werden. Mehr und mehr habe mein Vater zu Mitteln des passiven Widerstandes gedrängt. Martyrium nutze nichts. Nicht nur durch Reden, sondern auch durch Schweigen könne eine Nation beredt werden. Er war davon überzeugt, daß erst der Zusammenbruch die Wende bringen werde. Er veranlaßte seine Hörer, Kettenbriefe zu verfassen, für die er einen regimefeindlichen Text vorlas. Einmal sagte er: „Derjenige, der zu euch spricht, ist kein geborener Revolutionär… Er weiß als überzeugungstreuer Christ, daß er der von Gott gesetzten Obrigkeit – aber nur der – Treue und Gehorsam schuldet." Die große Zukunftsarbeit nach dem Zusammenbruch sah mein Vater im europäischen Aufbauwerk. Zeitlebens fesselte ihn die Europa-Idee. Sie lag ihm am meisten am Herzen.

Nach dem Krieg gehörte mein Vater dem zweiundfünfzig-köpfigen bizonalen Wirtschaftsrat an, dem Vorläufer des Bundestages. Später war er im erweiterten Wirtschaftsrat in Frankfurt. 1950 holte ihn Ministerpräsident Karl Arnold in sein Kabinett. Seine Aufgaben als Minister für Bundesangelegenheiten seien in der Frühphase der Bundesrepublik von großer Bedeutung gewesen. In Frankfurt und im Kabinett Arnold war Dr. Rainer Barzel sein persönlicher Referent. Frühere Sekretärinnen meines Vaters, die mich gelegentlich ansprachen, waren voller Verehrung und Hochachtung für ihn.

Nach seiner Heimkehr gründete mein Vater wieder die Zentrumspartei. Sie sollte Brücke zwischen der CDU und der SPD sein, sagte er mir. Doch als er – nach dreizehn Jahren Exil – die neue politische Lage besser beurteilen konnte, trat er in die CDU ein. Sein Verhältnis zu Adenauer blieb gespannt.

Mein Vater starb am Ende einer Kur in Bad Königstein, wo ihn Professor Martini, Bonn, behandelte. Kurz vor seiner Rückkehr in die politische Arbeit erlitt er mit 65 Jahren einen tödlichen Herzinfarkt. In einem feierlichen Staatsakt wurde er auf dem Friedhof der Dominikaner in Walberberg beigesetzt. Sein Todestag war der 16. November 1953.

Als ich durch eine Mitschwester die Todesnachricht erfuhr, sangen wir im Frühlob die Antiphonen der St. Martinus-Oktav. Dort heißt es von Martin, er sei weder von der Arbeit noch vom Sterbenmüssen besiegt worden. Er fürchtete sich nicht zu sterben, noch weigerte er sich zu leben. Zum „Benedictus" jubeln die Engel und der Chor der Heiligen Martinus zu: „Bleibe bei uns für immer!" Das war Gottes tröstender Kommentar zum Heimgang meines Vaters.

Am Grab sagte Karl Arnold von ihm, er habe stets nach der Devise gelebt und gehandelt: „Mehr sein als scheinen."

Vaters Auftrag an mich und das Kloster war und blieb:
„Betet für unser Volk!"

Meine Mutter

Meine Mutter läßt sich schlecht beschreiben. Sie war eine
aparte, eigenwillige, kluge und künstlerisch begabte, über-
aus zarte Frau. Sie beobachtete genau und erzählte uns
spannend und humorvoll, was sie jeweils in der Stadt erlebt hatte. Freilich habe ich sie nie singen hören, noch wurden wir zum gemeinsamen Singen angeleitet. Sie malte,
stickte und bastelte gern.
Obwohl *grande dame*, konnte sie andere köstlich hinters
Licht führen. Als sie einmal nach dem Krieg in Godesberg
einen Großeinkauf an Schnürsenkeln tätigte, sagte ihr die
Verkäuferin, sie dürfe beim Wiederverkauf 5 Pfennig
draufschlagen. Sie hatte sichtlich Vergnügen bei der Vorstellung, als Hausiererin mit einem Bauchladen von Tür zu
Tür zu ziehen.
Meine Mutter wurde 1896 in Liegnitz geboren. Ihr Vater
war Beamter beim Zoll. Die Großmutter stammte von
einem Bauernhof. Da deren Vater in den Hof eingeheiratet
hatte, meinte meine Urgroßmutter, nun ihren Hobbys
nachgehen zu können. Sie schrieb die Dorfchronik, züch-
tete Blumen, pflanzte ganze Alleen und legte sich eines
Tages ins Bett, weil es genug sei, und verweilte dort bis zu
ihrem Tod. Von diesem Erbe ist viel auf meine Mutter
übergegangen.
Meine Mutter besuchte in Liegnitz die Höhere-Töchter-
Schule. Anschließend machte sie die Ausbildung als Kin-
dergärtnerin und schloß mit dem Diplom ab. 1915 lernte
sie bei einem Vortrag meinen Vater kennen. Ihre klugen
Fragen an ihn führten am 25. Juli 1915 zur Ehe. Ihr älterer
Bruder, Dr. Alfred Nawrath, wurde von den Nazis aus
dem Schuldienst entlassen. Er war Altphilologe und

wurde zum Globetrotter. Bis zu seinem Tod machte er Weltreisen und gab viele Bildbände heraus, die hohe Auflagen erreichten.

An die neunzehnjährige Ehefrau eines Politikers wurden hohe Anforderungen gestellt. 1916 wurden Karl und ich, Adelheid, 1918 Ursula, 1921 Johannes-Wolfgang (Rochus) geboren. Deshalb hatten wir – wohl zu ihrer Entlastung – schon früh eine Erzieherin. Doch die Spielsachen, die noch unserer Phantasie Raum ließen, erfand meine Mutter selbst. Nicht nur unser Haus wußte sie schön und wohnlich einzurichten; auch den Tisch für die abendlichen Gesellschaften arrangierte sie eigenhändig. Wir schauten ihr gebannt dabei zu. Sie wechselte gern das Porzellan, die Gläser, die Bestecke und Tischtücher, den Blumenschmuck zwischen den Kerzenleuchtern bis zu den Spitzendeckchen auf den Untertellern. Auch die Geladenen hatten ihre Freude daran. Die Blumen, die ins Haus kamen, brachten wir am nächsten Tag in die Pfarrkirche. Weil wir vier uns mit einem frugalen Abendbrot abfinden mußten, sorgten wir manchmal selber für uns. Wir schlichen, sobald die Luft rein war, in unseren Nachthemden ins Speisezimmer und hielten dort „Nachlese".

Meine Mutter war eine gute Gastgeberin. Doch da ihr Repräsentation und die übliche Konversation mißfielen, sagte sie Einladungen gern ab. Auch in der Kleidung hatte sie ihren persönlichen Stil. Mein Vater ließ sie gewähren. Nur wenn er zu Hause war, nahm sie an den Mahlzeiten teil. Sonst ließ sie sich eine Kleinigkeit aufs Zimmer bringen. Den Dienstboten schrieb sie für jeden Tag detaillierte Arbeitspläne. Zum Wochenmarkt begleitete sie die Köchin. Sie las viel, liebte Lyrik und schrieb gern Briefe. Sie kannte alle botanischen Namen von Blumen und Pflanzen. Vermutlich hatten wir deshalb einen Wintergarten.

Auch meine Mutter erzählte erst nach Vaters Tod von sich selbst, und auch für sie waren Gefühle und Gesundheit kein Thema. An ihrem Sterbetag nach ihrem Befinden befragt, antwortete sie lächelnd: „Darüber spricht man nicht." Sie fühlte sich nie als Anhängsel meines Vaters. Sie blieb immer sie selbst. Bei aller Zartheit war sie eine starke Frau.

Als mein Vater im Mai 1933 fliehen mußte, lag die ganze Verantwortung für unseren Lebensunterhalt und unsere Erziehung auf meiner damals siebenunddreißigjährigen Mutter. Jetzt war sie Zimmervermieterin, Putzfrau und Köchin ihrer vier halbwüchsigen Kinder in einer Person. Sie räumte um, verkaufte Schmuck und Möbel und blieb bei aller äußeren Umstellung die, die sie war. Die Mieter brachten ihr Verehrung entgegen. *Wir* aber wollten unsere Liebe durch unser Verhalten bezeugen. Kein Wort verloren wir über unsere Situation. Nur wenn Mutter irgendwem einen Dank schuldete, verfiel sie in vergangene Zeiten und wollte „gebührend" antworten. Da mußten wir ihr immer neu klarmachen, daß wir jetzt arm seien und niemand große Dankesgeschenke erwarte. Zeitlebens schenkte sie gern.

Solange sie auf ihre Weise Vaters Arbeit mittragen konnte, war sie stark. Als Vater aus dem Exil heimkehrte, machte er ihr alle Zukunftsträume zunichte; denn sie glaubte, fortan Vater hegen und pflegen zu können. Doch Vater ging ohne jede Ruhepause sofort in die politische Arbeit. Mir sagte er einmal: „Ich bin zurückgekommen, um den verfahrenen Karren wieder aus dem Dreck zu ziehen." Weil ich schon im Kloster war, weiß ich nur indirekt von Mutters seelischem Zusammenbruch. Dieser neuen Herausforderung war ihre Durchhaltekraft nicht mehr gewachsen. Sie hatte noch das Domizil in Villiprott (bei Bad Godesberg) liebevoll eingerichtet, zog sich aber dann mehr und mehr zurück, nahm kaum noch an Geselligkeiten teil und überließ die Sorge für Vater außerhalb des Hauses meiner Cousine Tona, die ihn an seinem Amtssitz betreute und auf seinen Reisen begleitete.

Erst nach Vaters plötzlichem Tod lebte meine Mutter wieder auf und erzählte von früheren Zeiten. Doch nie fiel ein anklagendes Wort. Sie fühlte sich in Vaters Andenken geborgen, verehrte ihn und konnte nicht begreifen, daß die Politik über ihn hinwegging. Auch wenn Rochus später den Platz meines Zwillingsbruders einnahm, konnte sie sich nicht mit dessen Vermißtsein abfinden. Deswegen fiel ihr auch der überstürzte Aufbruch zu Vater in den Westen und die Aufgabe unseres Berliner Hauses so schwer: „Und wenn Karl heimkommt...?" Als Rochus meiner Mutter eines Tages von seinem inoperablen Tumor erzählte und ihr strahlend mitteilte, „daß das Eigentliche nun anstehe und er sich nur noch verbessern könne", erlitt sie kurz darauf einen Schlaganfall, von dem sie sich nicht mehr erholte. Weil sie von meinem Besuch im Anschluß an einen Vortrag in Köln wußte, hat ihr Gott unser Beieinander zum Sterben geschenkt.

Seit dem Heimgang von Rochus im Februar 1968 wollte auch sie sterben, um ihre Liebsten im Himmel wiederzusehen. In den letzten Monaten war aus der *grande dame* der gelassenste, heiterste Mensch geworden, der nichts mehr besaß und zum letzten Aufbruch gerüstet war. Inzwischen hatte sie alles verteilt und verschenkt. Sie war nur noch vom Lebensnotwendigen umgeben. Doch bis zuletzt nahm sie mit Interesse an allem, was draußen geschah, regen Anteil. Selbst ihr Kummer, weder schreiben noch handarbeiten zu können, war vorüber. Nur das Eigentliche, das jetzt anstand, bewegte sie.

Übergroß war ihre Freude, daß sie wie Vater und Rochus nun selber auf dem Friedhof der Dominikaner ihr Grab finden würde. Wie Rochus verbat sie sich teure Kränze und einen teuren Sarg. In der Sterbenacht setzte sich eine weiße Wildtaube auf den Fensterrand ihres Klappfensters, einen halben Meter vom Bett entfernt, blinzelte in die Sterbekerze, putzte sich und blieb bis zum Morgen, als sie vom Luftzug einer eintretenden Schwester verjagt wurde.

Meine Mutter starb am Johannestag, dem 24. Juni 1969, dem Taufnamenstag von Rochus, der so gerne „mein Täubchen" zu ihr gesagt hatte.
So ist auch dieses schwere Leben mit einem Gotteslächeln in Sein Licht hinübergeholt worden. Wir können auf unsere Mutter stolz sein.

Wir vier Geschwister

Mein Zwillingsbruder Karl besaß die Statur meiner Mutter. Er war sehr sensibel und interessierte sich für Literatur und Architektur. Noch vor dem Abitur lernte er Russisch. Später wollte er in die Wirtschaft gehen. In den wenigen freien Semestern studierte er Wirtschaftswissenschaft und ähnliche Fächer. Als Internatsschüler war er auf dem Jesuiten-Kolleg in Bad Godesberg. Nach 1933 wechselte er aufs Arndtgymnasium in Berlin-Dahlem. Uns Mädchen verachtete er, weil wir keine humanistische Bildung hatten. Dem Abitur folgten Arbeitsdienst und Wehrdienst, der bis Kriegsbeginn 1939 verlängert wurde. Karl wurde als Feuerwerker eingezogen und kam an die Ostfront. In diesem „Himmelfahrtskommando" brachte er es bis zum Oberleutnant. Zum letzten Mal sah ich ihn Oktober 1944, als er in Berlin-Lichterfelde einen Lehrgang für „neue Waffen" absolvierte. Zum Unterrichten abkommandiert, gehörte er keiner Truppe an. Beim Abschied in der Klinik wußten wir beide, daß es der letzte war. Seit Januar 1945 galt er als im Osten vermißt. Vielleicht war es sein Todestag, als ich erstmals um ihn weinen und intensiv beten mußte. Alle Nachforschungen meines Vaters blieben ergebnislos. Viele Jahre danach erhielt ich von einer Suchstelle – Mutter war Gott sei Dank schon bei Gott – die Nachricht, mein Bruder läge auf dem Soldatenfriedhof in Lichterfelde. Bei der Schlacht um Berlin sei er schwer verwundet von einer Frau aufgenommen worden und am folgenden Tag gestorben. Name und Geburtsdatum stimmten. Der goldene Ring konnte von einem gefallenen Kameraden für dessen Frau sein. Da die Dame noch lebte, ließ ich nachforschen, welche Haar- und Augenfarbe der Verwundete gehabt habe, auch, ob seine Sprache einer Landschaft entsprochen habe. Dadurch erfuhr ich, daß der Sterbende aus dem süddeutschen Raum stammte und dunkles Haar und dunkle Augen gehabt habe: ein Namensvetter. Nach der Vermißtenanzeige habe ich meinen Zwillingsbruder nicht mehr auf der Erde, sondern bei Gott gesucht.

Meine Schwester Ursula wurde eineinhalb Jahre nach uns Zwillingen geboren. Sie war strohblond, künstlerisch wie intellektuell sehr begabt, robuster als ich und sehr eigensinnig. Ihre Wutausbrüche endeten oft unter dem Wasserhahn. Das beruhigte sie. Die Spannungen mit meiner Mutter entsprangen vermutlich ähnlichen Anlagen. Ordnungssinn fehlte uns Mädchen. Wie sollte man schöpferisch arbeiten können, wenn es ringsum steril bleiben mußte! Nach befohlenen Ordnungsmanövern erklärten wir einstimmig: „So, nun können wir nur noch dasitzen und nichts tun. Sonst war alles Aufräumen umsonst." Leider geht es mir heute noch so.

Ursula war mit mir in der Klosterschule Nonnenwerth. Doch schon bald erklärte sie kategorisch: „Wenn ihr mich nicht holt, breche ich aus!" Weil ich wegen meiner Schwäche mehr Zuwendung als sie erfuhr, bearbeitete sie ihre Augen mit der Zahnbürste, bis die Haut hochentzündet war, um Mitleid zu erregen. Nach zwei oder drei Jahren auf der Rhein-Insel ging sie in Berlin bei den gleichen Franziskanerinnen wie ich zur Schule und machte auch dort das Abitur.

Im anschließenden Arbeitsdienst wurde sie wegen unangemessener Bemerkungen mehrmals strafversetzt. Danach studierte sie einige Semester bei Emil Dofivat Zeitungswissenschaft, dazu Philosophie. Später wechselte sie auf die Berliner Kunstakademie und bewies ihre Begabung als Malerin. Als sie ihren späteren Mann nicht nur porträtierte, sondern auch heiraten wollte, verließ sie die Akademie. Ihr Professor meinte, sie habe mit ihrem Vorhaben das Ziel der Anstalt erreicht.

Weil meine Mutter an Festen immer schwermütig wurde, fand ich, daß eine Verlobung die Stimmung aufhellen könnte. Ich verabredete mich mit dem Zukünftigen meiner Schwester, meinem Kollegen – wir hatten den gleichen Doktorvater –, bei Kranzler am Kurfürstendamm, um ihm auf den Zahn zu fühlen. Ich frage, wie immer direkt, ob er vorhabe, meine Schwester zu heiraten. Als er das vehement bejahte, bat ich ihn, meine Schwester davon in Kenntnis zu setzen. Noch am gleichen Abend rief er sie an und fragte: „Haben Sie etwas dagegen, wenn ich mich mit Ihnen verlobe?" Die Verlobung fand statt. Die weihnachtliche Feststimmung war gerettet.

Mein Schwager war als Stabsarzt bei den Fallschirmjägern eingesetzt. Auf Kreta und über Korinth mußte er abspringen. Er erzählte, je nach Windrichtung seien seine Kameraden wie Tontauben abgeschossen worden oder im Meer ertrunken. Er kam in amerikanische Kriegsgefangenschaft. Nach seiner Entlassung zog er nach Essen und wurde dort erst nach langen Schwierigkeiten Knappschaftsarzt, weil ehemaligen Militärärzten solche Stellen verweigert wurden. Bis zu seinem Tod blieb er im Revier ansässig und versorgte die Kumpels. Er war ein guter und beliebter Arzt, der hart arbeiten mußte, um seinen fünf Söhnen und einer Tochter – die älteste blieb bei meiner Schwester – das Studium ermöglichen zu können. Drei Söhne wurden Ärzte, einer Chemiker, einer Studienrat wie die Tochter.

Meine Schwester erzog ihre sieben Kinder zu sozialem Verhalten; obendrein taten sie das gegenseitig. Weil das Geld knapp war und die Kinder mit ihren Köpfen die Halsausschnitte der Pullover sprengten, kaufte sie sich eine Strickmaschine und sorgte selbst für die Bekleidung. Als die Kinder größer wurden, verweigerten sie Selbstgestricktes, und meine Schwester konnte das „Instrument" mit einem Seufzer der Erleichterung weggeben. Sie sagte mir von diesen Jahren, daß sie damals mehr als auf der Universität gelernt habe.

Wenn Krankenbesuche nötig waren, weil Patienten pflegerisch vernachlässigt wurden, sprang meine Schwester ein. Als sie in der nahen „MAU-MAU"-Siedlung einen betrunkenen Randalierer unter dem Sofa hervorlocken wollte, fragte sie ihn: „Sind Sie bewußtlos?" Als er das verneinte, kroch er hervor. – Daneben malte sie noch, entwarf und fertigte Paramente und gestaltete einen Kreuzweg für ihre Pfarrkirche. Infolge einer Herzklappenoperation kann sie inzwischen nicht mehr das Haus verlassen.

Johannes-Wolfgang, später Pater Rochus, kam fünf Jahre nach uns Zwillingen zur Welt. Er wußte das bestens zu nutzen. Er konnte schmusen, was uns drei abging. Wir nahmen ihn dennoch in unsere Reihen auf und schoben ihn vor, wenn wir etwas erreichen wollten. Weil wir drei schon auf der höheren Schule waren, besuchte er die Dahlemer Volksschule. Er weigerte sich, in ein Internat zu gehen, und verschliß für sich allein eine Erzieherin. Als Sextaner begann er bei den Jesuiten am Lietzensee. Er gestand, „keineswegs die Wonne seiner Lehrer gewesen zu sein", die ihm mehrfach rieten: „Mehr lernen, Spiecker!"

Als die Nazis das Jesuitengymnasium aufhoben, ging seine Klasse zum Abitur geschlossen in ein anderes Gymnasium. Wolfgang wurde wie seine Schwester jähzornig und bedurfte des Wasserhahns, um wieder nüchtern zu werden. Doch hatte er Tage ungemeiner Großzügigkeit: Da konnte man das Letzte von ihm bekommen. Aber wehe, die Frist war verstrichen! Auch beteiligte er sich an unseren Raubzügen ins verlassene Speisezimmer. Einmal interessierten ihn die vielen Weinreste in den Gläsern, und er leerte, rund um die Tafel, eins nach dem anderen. Mit Not erreichte er noch die Diele und legte sich neben die Dogge. Als die Gäste aufbrechen wollten, wurden sie angeknurrt, weil „Alex" Wölfchen bewachen mußte. Ganz unschuldig schlummerte er in seinem weißen Nachthemd.

Wolfgang blieb ein „Filou": Wenn er keine Zeit hatte, um Schularbeiten zu machen, zog er sich im dicksten Sommer drei Pullover übereinander und steckte die Tasche voller Gebetbücher im Glauben, das würde ihn retten. Bei den Dominikanern in St. Paulus ließ er sich seinen Rosenkranz weihen mit der Begründung, sie hätten die größten Ablässe zu vergeben.

Wir waren davon überzeugt, er würde einmal Regisseur oder Journalist werden. Da bat er Mutter wie aus heiterem Himmel, ihm beim Tischler einen Betschemel bauen zu lassen. Wir konnten nur grinsen. Danach machte er mit einem Freund „Schnupperferien" bei den Dominikanern in Warburg. Unmittelbar vor dem Abitur erklärte er meiner Mutter: „Wenn ich durchfalle, werde ich Bruder." Es war also doch ernst mit seinen frommen Anwandlungen! Drei Wochen nach dem Abitur (er war erst 17 Jahre alt) brachte ich ihn am 21. März 1939 mit seinem Mitpostulanten, dem späteren P. Paulus Engelhardt, zum Bahnhof Zoo. Sein winziges Köfferchen enthielt ein paar Taschentücher, Hemden und Socken. Damals wurden die Postulanten nach kurzer Zeit eingekleidet. Wolfgang wollte Rochus heißen. Nicht nur, weil man diesen Namen nicht abkürzen konnte, sondern weil ihm der Pestheilige gefiel. Schon nach einigen Wochen wurde er zum Arbeits- und Wehrdienst eingezogen. Dann kam der Krieg. Im strengen Winter 1941/42 wurde Rochus sofort an die Ostfront geschickt. Er schrieb einmal, trotz der grimmigen Kälte hätte das Ungeziefer keinen Schaden genommen. Vergeblich habe er es nachts im Freien ausgesetzt. Statt dessen erfror seine große Zehe. Als diese im folgenden Jahr durchschossen wurde, konnte er, dank seiner Gefühllosigkeit, fortlaufen und der russischen Gefangenschaft entkommen. Seine Verwundung brachte ihn wunderbarerweise nach Berlin ins Lazarett Tempelhof, in dem ich tätig war. Mit der Schiene, die verhindern sollte, daß er herumlief, nahm er von meinem Zimmer Besitz und empfing dort seine Berliner Mitbrüder. In der Klinik und an der Front nannten sie ihn Paternoster. Das gefiel ihm. Offizier zu werden, lehnte er ab. Er wollte ganz dazwischen bleiben. Nach seiner Entlassung aus dem Lazarett kam er an die Westfront und benutzte mit seinen Kameraden die Farnblätter zur Tarnung des Bunkers als Tabak-Ersatz. In St.-Malo, nach der Invasion der Alliierten, geriet er in Kriegsgefangenschaft. Bis 1946 mußte er in einer kanadischen Fabrik arbeiten und 5-Pfund-Ananasdosen zulöten. Einmal sei eine nach der anderen aus dem Förderband gesprungen und auf ihn herabgeregnet. Er blieb unverletzt. Alle entscheidenden Ereignisse dieser Jahre seien auf das Fest seines Ordensvaters Dominikus gefallen. Rochus sah darin ein Zeichen seines Wohlwollens.

Nach seiner Heimkehr meinte er: „An der Front muß man sich zwischen Gut und Böse entscheiden. Dazwischen gibt es nichts." Viele Mitbrüder sind gefallen; einige fortgegangen. Im Noviziat hielt er seinen Magister in Atem; denn Rochus war äußerst einfallsreich, wenn er seinen Mitbrüdern einen Streich spielen wollte. So stieg er einmal durch das Fenster seines Mitbruders Markus, um ihm einen Markuslöwen auf den Fußboden zu malen und den Rand eines aufgeschlagenen Buches mit Tieren aus der Arche Noach zu zieren.

Nach dem Studium in Walberberg empfing er 1949 durch Kardinal Frings in Köln die Priesterweihe. Danach wollte er zum Weiterstudium zu den Mitbrüdern in Le Saulchoir bei Paris. Doch seine Oberen schickten ihn nach Rom aufs Angelicum, dem internationalen Studienkolleg der Domi-

nikaner. Dort machte er seine Lektoren- und Lizentiats-
prüfung und wurde zum Doktor der Theologie promo-
viert. Das Magisterexamen lehnte er ab, weil es ihn in die
Seelsorge trieb.

In Rom waren die „Ragazzi" seine Lieblinge, die sich an
seinem Rosenkranz die Nase abwischten, wie er meinte,
um von ihm ein Bildchen zu ergattern. Mit einem südafri-
kanischen Mitbruder schloß er bald Freundschaft, weil
dieser über Kaffee verfügte. Der sei ihm diesen Tribut
schuldig, meinte Rochus, weil er zwecks seiner Bekehrung
eifrig seinen Missionsgroschen gezahlt habe. Da während
dieser Zeit Maria Goretti heiliggesprochen wurde, die weder lesen noch schreiben konnte, er aber in Nöten wegen
seines Hebraicums war, wanderte er zu deren alter Mutter
nach Nettuno, um sich ein Löckchen des Mädchens zu
erbitten. Er erhielt es und gelobte, ein Buch über Maria
Goretti zu schreiben und sie in Deutschland bei der Jugend bekannt zu machen. Beides geschah. Dem hl. Augu-
stinus, nach dessen Regel die Predigerbrüder leben, traute
er nicht. Denn er würde auf seinen Hilferuf kaltblütig antworten: „Rochus, setz dich auf den Hosenboden!" Er
hatte eine gute Wahl getroffen.

Doch als Rochus heimkam, mußte er sich sofort an der
Kölner Universität immatrikulieren, um sich für ein Lehr-
amt am Gymnasium des Ordens in Vechta vorzubereiten.
Seine Oberen meinten, Rochus könne das langweiligste
Fach interessant machen. Doch noch vor Semesterbeginn
knüpfte er Fäden zu den St.-Georgs-Pfadfindern und erklärte, sie rechneten mit ihm. Er ließ sich die Immatrikula-
tionsgebühren zurückzahlen und wurde über Jahre Bun-
deskaplan bei den Pfadfindern. Mutter schenkte ihm für
seine mobile Tätigkeit eine schwere BMW-Maschine mit
Beiwagen. Er mochte die Jungen und wurde von ihnen
verehrt. Nach dem Tod von P. Laurentius Siemer OP
übernahm er dessen Arbeit in den Medien und weitete sie
aus. Gleichzeitig schrieb er Glossen für die ZEIT und die

Deutsche Zeitung. In St. Andreas strömten die Kölner zu seinen Predigten. Er war auch an der Verfilmung von „Das Wunder des Malachias", einem Roman von Bruce Marshall, beteiligt. Er hatte überhaupt viel mit Regisseuren und Filmschauspielern zu tun. Seine Mitbrüder fürchteten deshalb, er würde den Orden verlassen. Doch bei seiner Todeskrankheit wurden sie eines Besseren belehrt und hätten ihn am liebsten mit Ämtern bekleidet. Bis zuletzt behielt er seinen Humor und verbat sich jedes geäußerte Mitleid. Er starb mit siebenundvierzig Jahren an einem Karzinom und wurde, zwanzig Jahre nach meinem Vater, auf dem Friedhof der Dominikaner in Walberberg beigesetzt. Im Bewußtsein der Kölner lebt er noch heute.

Weithin bekannt wurde er durch die Verleihung des Aachener Ordens „Wider den tierischen Ernst". Er war der erste Priester, der ihn erhielt.

Der rote Faden

Ein Kindererlebnis hat mir die Wegspur gewiesen und die Weichen fürs Leben gestellt. Wir waren zur Sonntagsmesse zu spät gekommen und blieben im Mittelgang stehen. Als das Glöckchen zur Wandlung läutete, wollten wir wissen, was das bedeute. Die Erzieherin drehte uns zum Altar, wies auf die erhobene Hostie und sagte: „Das ist der liebe Heiland, der sich aus Liebe zu uns kreuzigen ließ." Das traf mich mitten ins Herz. Elementar und für immer wußte ich jetzt: Wenn Gott uns so liebhat, dann muß ich ihn genauso liebhaben. Dann gab es nichts Lieberes als ihn auf der Welt.

Der bis ans Kreuz Liebende hatte mir „das Seil der Liebe" (Hos 11, 4) zugeworfen. Ich habe es aufgefangen und ließ es nicht wieder los. Das Glöckchen von damals hält mich wach bis auf den heutigen Tag.

Wie ich meine Liebe einlösen wollte, wußte ich damals

noch nicht. Auf jeden Fall sollten alle Menschen von dieser Liebe erfahren. Dann würden sie ebenso glücklich sein wie ich. Ohne es zu wissen, hatte ich den Sinn meines Lebens gefunden. Deswegen habe ich wohl später nie Identitätskrisen gekannt. Jetzt war ich nie mehr allein. Mit dem lieben Heiland konnte ich jederzeit reden und alles mit ihm besprechen. Er verstand mich wie niemand sonst. Auf ihn konnte ich mich verlassen. Auf einmal war ich auch verantwortlich für das Weitersagen und -tragen von Gottes Liebe zu uns. Ich hoffte, meine Erstkommunion-Bildchen würden bei den Beschenkten Bekehrung auslösen. Später wollte ich den „Heiden" Gottes unendliche Liebe bezeugen und – wenn möglich – den Märtyrertod sterben. Ich sprach mit niemandem davon. Aber ich litt darunter, daß den meisten Menschen Gott nicht wichtig, sondern gleichgültig war.

Auf der Oberstufe in Berlin hörte ich erstmalig von missionsärztlichen Schwestern, die sich für Frauen in Nordindien einsetzten. Ich nahm die Verbindung mit ihnen auf und wollte nach dem Abitur bei ihnen in Washington eintreten. Als ich meinen Vater, der schon im Exil war, in Rom traf, um mir seine Einwilligung zu holen, hatte er grundsätzlich großes Verständnis für meinen Entschluß, wünschte jedoch, daß ich mir erst einmal „Wind um die Nase" wehen lassen sollte. Nach dem Physikum dürfe ich gehen. Doch nach dem Physikum 1938 nahm mich die Gestapo wegen Hoch- und Landesverrats in Haft. Damit hatte ich ausgeträumt, waren alle Zukunftspläne zerstört. Ich wußte, daß eine solche Anklage ein Todesurteil war.

In der Isolationshaft von Berlin-Moabit entdeckte ich meine kontemplative Berufung. Wenn ich am Leben bleiben und wieder freikommen sollte, würde ich fortan als Benediktinerin in einer Abtei leben. Nach drei Monaten wurde ich ganz unerwartet entlassen. Doch erst nach dem „Zusammenbruch" und der Heimkehr meines Vaters aus dem dreizehnjährigen Exil konnte sich meine Berufung erfüllen.

Inzwischen habe ich gelernt, „meine Tage zu zählen, um ein weises Herz zu bekommen", wie der Psalmist rät (Ps 90,7). Der Herr weiß, wann „das Seil" aufgespult ist und ich für immer beim Herrn bin, der mich „zuerst geliebt" hat (1 Joh 4,10).

Was prägt

In meinem Elternhaus gab es Themen, über die man nicht sprach. Dazu gehörten Gefühle, Befinden, Politik und Vergangenheit. Erst im Kloster, als ich vergleichen konnte, stellte ich fest, wie wenig Familie wir in unserer Kindheit erlebt hatten. Das war auch durch den Beruf meines Vaters bedingt.

Wenn wir auch manchmal nach der Sonntagsmesse mit meinem Vater zu Bildungsausflügen durch die Mark Brandenburg fuhren; wenn wir ihn auch beim Frühstück mit einem Knicks begrüßten und dabei neugierig in die rot unterstrichenen Sätze der Zeitungen schauten; wenn er uns auch von allen Auslandsreisen Geschenke mitbrachte; wenn er uns auch eine Traube ans Krankenbett brachte (die wir viel lieber in gesunden Tagen verspeist hätten) und wir auch den Heiligabend gemeinsam begingen („Wenn ihr euch gefreut habt, dann räumt weg", signalisierte das Ende der Feier) – so erlebten wir ihn daheim nur, wenn er in seinem Arbeitszimmer saß und nicht gestört werden wollte oder wenn er mit politischen Freunden diskutierte. An den meisten Abenden kamen Gäste, oder Vater war selber irgendwo eingeladen. Ich erinnere mich keines vertrauten Gesprächs. Dennoch wußten wir uns geliebt und liebten auch ihn.

Zärtlichkeiten wie Schelte hatten Seltenheitswert. Aber die eine Ohrfeige, zu der wir zitiert wurden, weil wir im

Bett getobt und „Zirkus Krone" gespielt hatten, blieb unauslöschlich in meinem Gedächtnis.

Geburtstage wurden nicht gefeiert. Da waren wir nur ein Jahr älter geworden und sollten uns dementsprechend verhalten. Auch an Namenstagen gab es keine Kindergesellschaften mit Kakao und Kuchen. Wir bekamen Bildungsgeschenke wie Stein- und Schmetterlingssammlungen, die uns mißfielen, weil wir sie nicht eigenhändig gesucht und gefangen hatten. Erst ein Zeiss-Mikroskop mit dem uns Vater Wasserflöhe u. ä. in enormer Vergrößerung zeigte, erntete unser reges Interesse. Bücher gehörten selbstverständlich dazu. Ich besaß sämtliche Karl-May-Bände, und meine dunklen Ränder unter den Augen verrieten beim Frühstück, daß ich wieder einmal die halbe Nacht darin gelesen hatte. An den Namenstagen schuldeten wir den drei feiernden Geschwistern einen Kuß. Wir absolvierten ihn pflichtgemäß. Vor einer kußfreudigen französischen Erzieherin flohen wir aufs Laubendach und ekelten sie aus dem Haus. Dabei lag uns an einer „Geheimsprache". Damit konnten wir, vom Personal unverstanden, unsere Nachrichten austauschen.

Zu Weihnachten bekamen wir Schuhe, Wäsche und Kleidung, die leider so haltbar waren, daß sie vererbt werden konnten. Obendrein fanden wir die Kleidchen im Vergleich mit denen in Schaufenstern viel zu schlicht. Wir kamen uns wie Waisenkinder vor. Noch bei der Erstkommunion blickten wir neidisch auf die Rüschen und Spitzen der anderen; wir aber mußten uns mit schmucklosen Hängerchen begnügen.

Später trugen wir alle Matrosenkleider, -mäntel und -mützen, je nach Anlaß weiß, gestreift oder marineblau. Zum Spielen hatten Jungen wie Mädchen bayrische Lederhosen und Spielanzüge.

Am Tag der dreifachen Erstkommunion wurden einzig der Pfarrer und eine Freundin eingeladen. Es gab keine großen Geschenke. Meine Eltern wollten das Eigentliche nicht unter Äußerlichkeiten begraben. Ich bekam mein erstes Meßbuch, den „Schott", mit Ledereinband, Prägung und Goldschnitt. Es machte mich überglücklich. Rückblickend weiß ich, daß mich der „Schott" in die wechselseitige Deutung von Altem und Neuem Testament eingeführt hat.

Da mein Vater in Hotels nicht erkannt sein wollte, verlebten wir mehrmals Nordseeferien in einem gemieteten Haus, und die Köchin begleitete uns. Meine frühesten Erinnerungen stammen aus Berchtesgaden. Weil uns mein Vater während der Abstimmungszeit in Oberschlesien nicht in Berlin wissen wollte, bewohnten wir auf dem Obersalzberg ein echtes oberbayrisches Haus. Meine Mutter möblierte es stilgerecht. Möbel, Porzellan, die Tisch- und Bettwäsche kamen aus dem Salzkammergut. Obwohl Karl, Ursi und ich erst drei und vier Jahre alt waren, träume ich noch heute von der Watzmannkulisse und Szenen dieser glücklichen Zeit.

Danach bewohnten wir in Berlin-Dahlem ein geräumiges Haus. Erst im Vergleich mit anderen Häusern, die mir trotz aller Schönheit steril vorkamen, die man besichtigen, aber nicht bewohnen konnte, erkannte ich, weshalb wir uns in all der Wohnkultur wohl und zu Hause fühlten: Bei uns war nichts fertig. Alles veränderte sich, atmete Leben und stand mit uns in Beziehung.

Damals gab es noch keine kunstbewußten Antiquitätenhändler, nur „Trödler", die nicht unterscheiden konnten, was wertvoll, was kitschig war. Von dort brachte meine Mutter ihre Schätze heim, behandelte das Erstandene sachkundig, bis es seine Schönheit preisgab. Oft mußte dann umgestellt werden, damit jeder Gegenstand den ihm gemäßen Platz fand. Meine Mutter nannte das „mit den Möbeln leben".

So sind in vielen Jahren mein Schönheitssinn und mein Unterscheidungsvermögen gewachsen. Meine Mutter lehrte sie uns an Beispielen; doch wir zogen auch selber aus, um Erfahrung zu sammeln. Die vielen Kunstmappen aus Vaters großer Bibliothek, deren Abbildungen wir teilweise kopierten, und die Berliner Museen taten das ihre. Was uns daheim mißfiel, zerbrach „zufällig". Den Jugendstil verabscheuten wir und tauften ihn Walalawaia.

Unvergeßlich ist mir die Freude meiner noch nicht zehnjährigen Schwester Ursula über einen Herbststrauß zu ihrem Namenstag; was sie jedoch nicht davon abhielt, sich an Sahnebonbons, die bei uns eine große Seltenheit waren, den Magen zu verderben. Das riß sie zu dem Meineid hin: „Nie wieder Sahnebonbons!"

Meine Mutter hatte die Wände unseres Kinderzimmers mit Märchenszenen ausgemalt. Sie bastelte auch Spielsachen für uns. Ein Rumpelstilzchen, das keine Beine hatte und wie ein Rettich endete, liebten wir sehr. Mit Puppen spielte nur meine Schwester. Gekaufte Spielsachen waren verpönt. Wir erfanden sie selbst.

Selten gab es bei uns Kuchen. Das erste Speiseeis spendierte ich mir nach dem Physikum und schämte mich ein wenig dabei. Brachten Gäste für die „lieben Kinder" Süßigkeiten mit, bedankten wir uns höflich. Danach verschwanden sie in die Hut der Hauslehrerin. Weil meine Geschwister mich für gerecht hielten, durfte ich sie verteilen.

Bevor ich selber eine Praline in den Mund stecken konnte, wollte meine Schwester regelmäßig „nur mal lecken" – und weg war sie. Sie verstand es auch, volle Schachteln ausfindig zu machen und sie vom Schachtelboden her listenreich zu entleeren. Von unserem monatlichen Taschengeld von 20 Pfennig entfiel ein Almosen für Bettler und Opfergeld für den Klingelbeutel. Wenn wir für eine Tagesarbeit im Rasenmähen gemeinsam 20 Pfennig verdient hatten, palaverten wir zwei Stunden, um uns am Ende doch Lakritze, Pfefferminzkissen oder Nappo-Rhomben zu erstehen.

Unsere Spiele – nur für vier

Wir machten aus der Not eine Tugend. Zwar gingen wir täglich mit der Erzieherin, später mit der Hauslehrerin, die uns gar nicht genug Geschichten erzählen konnte, spazieren; wenn meine Schwester Ursula nicht gerade im Grunewald die von Berlinern abgelegten Klamotten „für Vati" sammelte oder wir an der Krummen Lanke nach Kaulquappen fischten oder auf den Hängen der Thiel-Anlagen rodelten. Doch wir durften nicht wie andere Kinder auf der Straße spielen. Wir wurden auf den Garten, die Spielsachen, die Kaninchen, die Schildkröte, die Hunde und das große Aquarium verwiesen. „Nun gut, dann eben nicht!" Hatten wir nicht selbst genug Phantasie? So spielten wir nach einem Ausflug dorthin „Spreewald". Tagelang schleppten wir Wasser in das Wurzelloch eines umgepflanzten Mandelbäumchens. Dann demontierten wir ein großes Spielauto, das uns kurz zuvor – zum großen Verdruß meiner Eltern – geschenkt worden war, und bauten es zu einem Kahn um, brachten ihn „zu Wasser" und fuhren los. Später diente der Kahn auch als Flugzeug. Als sich der Teich doch als zu klein erwies, beschlossen wir, Moorbad zu spielen. Wir bauten ein Sprungbrett und hinein ging's! – zum Entsetzen der Erzieherin, denn wir sahen entsprechend aus. Meine Mutter fand das keineswegs schlimm. Schließlich konnte man die Spielanzüge waschen und uns in die Badewanne stecken.
Wir genossen es, wenn uns Mutter manchmal aus Abenteuerbüchern oder Balladen vorlas. Das gab Stoff für neue Spiele. Ich entsinne mich noch einer Erzählung, die von einem Segelschiff Pinta handelte. Jetzt mußten wir Segelschiff spielen. Zwischen die große Tischplatte und die Zimmerdecke klemmten wir unsere Turnstöcke, brachten Segel an, ein Kinderbett-Gitter diente als Schiffsleiter, die Positionslichter waren noch vom umgebauten Auto übriggeblieben, und wir konnten „in See stechen". Meine

Schwester bezog eine Erster-Klasse-Kabine unter dem Tisch, was zur Folge hatte, daß sie sich ob ihres Erster-Klasse-Status weigerte, mit aufzuräumen. Dieses Signal war jeden Tag das bittere Ende. Wir spielten auch Post mit verteilten Rollen oder Indianer, wobei wir Ursulas Puppenkleider an die Bäume hängten. Wir konnten auch nebeneinander auf dem Teppich liegen und hingebungsvoll malen. Mein Zwillingsbruder malte Lokomotiven und Autos, meine Schwester Modepüppchen, ich Sonnenaufgänge im Gebirge. Wir erfanden auch Theaterstücke, zu denen wir die Eltern und sonstige Anwesende einluden; oder aber wir hielten auf einem „Katheder" Vorträge über verschiedene Themen. Ich weiß nur noch, daß Karl einmal eine schwungvolle Rede über Irland, die grüne Insel, die Insel der Heiligen, hielt.

Eines Tages entdeckten wir in der Hundehütte – wir hatten zwei deutsche Doggen und einen Dackel – ein langes Bastseil. Wir befestigten es am Treppengeländer des obersten Stockwerkes, knoteten am unteren Ende ein Brett an und schaukelten, indem wir uns an der Gegenwand abstießen, selig durchs Treppenhaus. Als meine abwesende Mutter heimkam, rührte sie fast der Schlag.

Da wir nicht gewohnt waren, mit anderen Kindern zu spielen, hatten wir uns auf vier eingestellt. Als wir eines Tages mit einem „fremden" Kind spielen sollten, erklärten wir unmißverständlich und wenig solidarisch: „Unsere Spiele gehen nur für vier."

Schulzeit

Infolge meiner schnellen Erschöpfbarkeit war ich weder ein Überflieger noch eine fleißige Schülerin. Ich brachte durchschnittliche Noten nach Hause. Ich weiß noch, wie mein Vater nach einem Zeugnis erklärte: „Wenn ihr nicht lernen wollt, sagt es bald. Dann könnt ihr ins Kloster gehen!" Anscheinend brauchte man dafür keine Zeugnisse. Trotz vielen Fehlens blieb ich nie sitzen. Meine schnelle Auffassungsgabe half mir. Nur im Rechnen und Singen war es hoffnungslos. Später habe ich sogar an Hochschulmeisterschaften im Schnell- und Langlauf teilgenommen.

Auf der Universität hatte ich keinerlei Lernschwierigkeiten mehr. Mein schlechtes Gedächtnis zwang mich, vieles in Denkprozessen zu erarbeiten. So blieb mir auswendig- und angelerntes Wissen erspart.

Konstitutionsbedingt war ich kein Streber. Nach einstündigem Schulweg mit der U-Bahn kam ich in der Oberstufe oft erst um 15 Uhr heim, mußte aber schon morgens um 7 Uhr aus dem Haus. Wir besuchten damals nachmittags häufig eine Türkin, eine Bankiersgattin, in der gleichen Straße, die sich über die Abwechslung freute. So „erledigte" ich erst am Spätnachmittag die Hausaufgaben. Auch meinem Zwillingsbruder mußte ich fast immer absagen, wenn ich ihn mit Vaters Karten ins Schauspielhaus am Gendarmenmarkt begleiten sollte. Doch ich ging gern mit, wenn er mir in Dahlem ein Haus aussuchte oder in den Geschäften am Kurfürstendamm ein Auto. Er war davon überzeugt, daß ich es selbst nie zu Geld bringen würde. Jeden Herbst mußte ich zum obligaten Besuch der Schlösser und Anlagen nach Potsdam mit.

Probe aufs Exempel

Als mein Vater im Herbst 1932 Fahrstunden nahm, ahnten wir nicht den Grund seines Vorhabens und lästerten hinter seinem Rücken darüber. Doch als Hitler am 30. Januar 1933 nach der Macht griff, mußte er fliehen. Wir fanden zu Hause eine Karikatur meines Vaters mit der Unterschrift: „Der erste Kopf, der rollt". Er war ja mit der Bekämpfung des Nationalsozialismus beauftragt worden. Nach seinem

Exil erzählte mir Vater lächelnd, Hitler hätte ihn gern zu seinem Propagandachef gemacht. Vater jedoch wollte im Exil unser Volk vor dem Untergang retten. Da er sein Schicksal voraussah, hatte er mit meiner Mutter eine Vermögensteilung vorgenommen.

Hitler hatte meinen Vater fristlos und pensionslos aus dem Staatsdienst entlassen. Er wurde enteignet und für staatenlos erklärt. Uns Kindern sagte man, Vater sei eine Professur in Heidelberg angeboten worden. Wir wußten es besser und schwiegen, um Mutter nicht noch mehr zu belasten. Plötzlich waren wir eine verfemte Familie geworden. Niemand durfte von Vater sprechen, nach ihm fragen, auch nur seinen Namen erwähnen; denn wir wurden beschattet und abgehört. Mit einer Riesenhypothek kaufte Mutter das schuldenfreie Haus zurück, um Zimmer vermieten zu können. Meine Mutter mußte den Fahrer, die Köchin, die Hausmädchen entlassen. Nun war sie allein für alles zuständig. Um keine Spitzel ins Haus zu bekommen, ließ sie sich beraten. Als Mieter kamen ein Wissenschaftler vom nahen Kaiser-Wilhelm-Institut, ein russischer Fürst, ein Offizier aus dem Oberkommando der Wehrmacht, ein Oberregierungsrat und zwei Studenten, die umsonst bei uns wohnten. Als 1942/43 einer nach dem anderen Berlin verließ, wurde unser Haus zu einem Altenheim, in dem Aquinataschwestern siebzehn alte Leute betreuten. Ein Faktotum erledigte Botengänge für meine Mutter.

Jetzt kam uns unsere spartanische Erziehung zugute. Wir wollten unserem Vater Ehre machen. Er sollte stolz auf uns sein können, wie wir auf ihn stolz waren. Wir waren alle noch Oberschüler, elf, vierzehn und sechzehn Jahre alt. Wolf war Quintaner bei den Jesuiten, Karl auf der Oberstufe des Arndtgymnasiums, Ursula und ich Unter- und Obersekunda bei den Franziskanerinnen am Winterfeldplatz. Hitler hatte uns vorzeitig zum Mündigsein verurteilt und in die Verantwortung geholt. Und *wir* waren bereit, Mutter zu helfen. Weder durch schlechtes Benehmen noch durch Faulheit in der Schule wollten wir ihre Sorgen mehren. Wir waren mit allem zufrieden und stellten keinerlei Ansprüche. Auf keinen Fall durften wir den Eindruck erwecken, daß wir etwas vermißten, weil wir von den Vergnügungen und Festen unserer Altersgenossen ausgeschlossen waren. Ich habe keinen von uns je klagen hören.

Um so mehr lag meiner Mutter daran, mich zu einer „jungen Dame" zu erziehen. Nur was *sie* darunter verstand, war nicht nach meinem Sinn. Ich nannte ihre Vorbilder alberne Gänse. Ich hatte andere Interessen als diese Altersgenossinnen, die nur mit sich selbst beschäftigt waren und gefallen wollten. Ich wollte helfen. Ich hatte kein Bedürfnis, eine Rolle zu erlernen, um darin erfolgreich auftreten zu können. Meine Mutter glaubte, ein Oberregierungsrat, der bei uns wohnte – ich ging mit ihm jeden Morgen in unsere Dahlemer Pfarrkirche zur Messe –, sei „für mich bestimmt". Er glaubte es auch. Nach einem Überflug von Bomberverbänden und anschließender Entwarnung lud er mich zum Essen in ein gutes Restaurant am Kurfürstendamm ein. Wir speisten miteinander. Danach begann er vorsichtig zu sondieren und erkundigte sich, was ich „nach dem Krieg" vorhabe. Ich erzählte ihm von meinem Wunsch, nach Indien zu gehen und bei den missionsärztlichen Schwestern einzutreten. Diese kalte Dusche sollte seinen falschen Hoffnungen den Boden entziehen. Kurz vor Kriegsende wurde er eingezogen und kam sehr bald querschnittsgelähmt zurück. Bis zu seinem Tod blieb er Patient der Barmherzigen Brüder in Bonn.

Von Unbekannt erreichten uns chiffrierte Karten aus Rom, um uns mitzuteilen, daß Vater an uns denke. Mit Kriegsbeginn 1939 hörten wir nichts mehr von ihm, noch er von uns. Nach dem Krieg, als meine Mutter sich nicht über meinen vermißten Zwillingsbruder beruhigen konnte, sagte mein Vater zu ihr: „Auch ich habe all die

Jahre nichts von euch gewußt; aber ich wußte euch in Gottes Hand. Das mußte mir genügen."

In der Schule fielen wir nicht auf. Wir verhielten uns wie die anderen. Nur die Leitung war orientiert. In meiner Klasse gab es keine Nazis. Niemand war im BDM (Bund deutscher Mädchen). Wir durften nur selten ins Kino. Dafür diskutierten wir miteinander bis in die Nacht über „Gott und die Welt". Später luden wir Kommilitonen dazu. Wie oft erschien dann meine Mutter, weil sie glaubte, wir rissen einander die Haare aus. Dabei fanden wir unsere Dispute herrlich. Sobald wir im Studium waren, besuchte ich Romano Guardinis Vorlesungen sowie seine Studentenmesse in der Klopstockstraße. Nach den anatomischen Vorlesungen ging ich in Wilhelm Pinders kunsthistorische Vorlesungen. Mit Johannes Pinsk und Heinrich Kahlefeld diskutierten wir in der Studentengemeinde. Wir lasen Josef Pieper und Theodor Haecker, natürlich auch Guardini, der uns in die liturgische Bewegung einführte.

Für uns vier hieß es, von dem zu leben, was uns bislang geformt hatte. Wie Engramme wurden Leitmotive abrufbar: Jede Art der Lüge hassen; um jeden Preis für die Wahrheit einstehen; zuerst immer an den anderen denken; immer zum Verzeihen und Teilen bereit sein; nie kneifen, um einer Belastung, einem Zeitverlust, einer Herausforderung auszuweichen; Höflichkeitsformen mit Substanz füllen; absolut zuverlässig sein; immer hilfsbereit sein; niemanden warten lassen; keinen Menschen verachten. Mit solchem Proviant konnten wir unser Leben bestehen, in Verantwortung vor Gott und den Menschen.

Doch als mein Vater erfuhr, daß ich bei einem Gottesdienst zur Ratifizierung des Reichskonkordats das Gau-Banner des „Heliand-Bundes" (Jugendbund katholischer Mädchen) getragen hatte, ließ er mir mitteilen: „Die Politik überlaß lieber mir!" Er wußte, daß ich damit – wie auch

38

die anderen Verbände der katholischen Jugend – demonstrieren wollte.

Arbeitsdienst

Nach dem Abitur 1935 mußte ich drei Monate „Freiwilligen Arbeitsdienst" nachweisen, um studieren zu können. Ich wurde zu den Kaschuben nach Ostpommern geschickt. Es war für mich eine schwierige und aufregende Zeit. Ich sah darin eine Vorbereitung für meine missionsärztliche Arbeit.

Erstmals war ich mit Menschen aus unterschiedlichster Herkunft, Bildung und Landschaft zusammen dienstverpflichtet. Von morgens bis abends tat ich Ungewohntes: Geschirr spülen, putzen, aufs Feld gehen, Gänse und Kühe hüten, bei den Kaschuben die Stuben fegen, wozu ich mir erst den Reisigbesen basteln mußte, schmutzige Kinder waschen, die bis zum Trocknen ihrer Wäsche ins Bett mußten.

Mit Hilfsbereitschaft und Humor konnte ich mich vor den Schulungsstunden und dem Fahnenappell drücken, da ich infolge wichtiger Dienste unabkömmlich war. Sonntags radelte ich zur Frühmesse, mußte aber zum Frühstück zurück sein. Während die „Maiden" über Pfingsten an die See nach Leba fuhren, lag ich erschöpft im Bett. Als ich ihnen ein Päckchen Süßigkeiten von meiner Mutter statt meiner mitgab, konnten sie das ebensowenig verstehen, wie sonstige kleine Hilfen und fragten mich dann: „Weshalb tust du das? Du hast doch nichts davon!"

Im Wintersemester '35 konnte ich endlich in Berlin mit dem Medizinstudium beginnen. Nach dem Vorphysikum ging ich für drei Semester nach Freiburg / Brsg. Provokativ beteiligte ich mich dort an der Fronleichnamsprozession. Danach wurde ich zur Studentenführung zitiert und des „Ernteeinsatzes" für unwürdig erklärt. Mir war das nur

recht. Doch der entsetzte Ausruf, wie man nur Gott lieben
könne! – traf mich bis ins Mark. Als ich nach einem Sani-
tätskurs beim DRK den Eid auf den Führer verweigerte,
wurde ich schmählich entlassen.

Umschulung durch Gott

Noch bevor ich mein erstes klinisches Semester in Berlin
beginnen konnte, verhaftete mich, wie schon kurz erwähnt, die Gestapo am 12. August 1938 auf Nordstrand
während einer – bereits verbotenen – Ferienfreizeit. Über
die Gefängnisse Husum, Kiel, Neumünster, Hamburg
kam ich für mehrere Wochen ins Polizeigefängnis Berlin-
Alexanderplatz. Erst als ich ins Untersuchungsgefängnis
Moabit in Isolationshaft verlegt wurde, erfuhr ich bei den
täglichen Verhören in der Prinz-Albrecht-Straße, daß
meine Anklage auf Landes- und Hochverrat lautete. Wegen meiner mehrfachen Besuche bei meinem Vater in Paris
wollte man mich aushorchen und beschuldigte mich, für
ihn Kurierdienste geleistet zu haben. Selbst unpolitisch,
diente ich als Geisel. Um meinen Kopf zu retten, sollte
ich meinen Vater ausliefern. Nur er könne mich entlasten,
für den Vater-Verrat fehlte nur meine Unterschrift unter
das fertige Dokument. Ich verweigerte sie und hatte mich
dadurch zum Komplizen gemacht. Mehrfach sagte man
mir, es sei schade um mich. Ich könne meine Zukunft
vergessen. Wenige Tage zuvor war ich zweiundzwanzig
geworden. Doch ich wußte, daß ich in *Gottes* Hand war,
gleichgültig, wozu ich verurteilt wurde. Kein Anwalt
wollte meine Verteidigung übernehmen: Gott wollte mein
Anwalt sein. Ohne Tränen und ohne Verrat überstand ich
die raffinierten Verhöre, bei denen die Gestapobeamten
behaupteten, bereits alles zu wissen. Während sie mir
Fotos von Exilpolitikern zeigten, beobachteten sie mich
genau und wollten erkunden, ob ich sie kenne. Mein ruhi-

ges Verhalten beweise meine Schuld, zumal im Neben-
raum eine Frau laut klagte und um Gnade flehte. Als sie
mir unterstellten, ich könne ja lügen und hinterher beich-
ten, wurde ich zornig und reagierte entsprechend. Obendrein sprachen sie mir ab, als Christ ein guter Deutscher
sein zu können. Dagegen führte ich mein Medizinstudium
ins Feld, das ja einmal Menschen helfen sollte. Geweint
habe ich nur in der Zelle, weil ich Heimweh hatte und die
angetane Unfreiheit so entwürdigend war.

Angst hatte ich vor den Männern der SS-Leibstandarte, die
mich mit anderen „Politischen" in der „grünen Minna"
vom Gefängnis abholten und zurückbrachten. Während
der Wartezeit im Keller saßen sie vor uns und spielten Karten. Mein Aussehen entsprach ganz der Vorstellung von
einem „deutschen Mädchen"...

In der Zelle durfte ich keinen Laut von mir geben und
mich tagsüber auch nicht hinlegen. Wegen der Enge waren
Bett und Tisch an die Wand geklappt. Wochenlang war ich
ohne Bücher. Zerschnittene Zeitungsblättchen orientier-
ten mich dürftig über das Zeitgeschehen. Den Rundgang
um den einen Baum im Gefängnishof hat Wolfgang Bor-
chert sehr präzis beschrieben. Das Zellenfenster war so
hoch, daß ich keinen Himmel sehen konnte. Der wan-
dernde Schatten der Gitterstäbe ersetzte die Uhr. Sehr
bald verbot ich mir Reisen in die Vergangenheit. Ich wollte
mich dem Hier und Heute stellen, weil auch diese Zeit
Sinn barg. Darum aß ich das mich ekelnde Essen aus dem
Blechnapf und begriff, daß selbst die trockene Schnitte
Brot nicht selbstverständlich war. So lernte ich, auch dafür
dankbar zu sein. Weil ich bis auf die Verhöre nicht sprechen durfte, vermochte ich mich kaum fließend auszu-
drücken. Um so mehr wurde Gott mein Gesprächspartner
und Exerzitienmeister. Gott schaute mir ins Herz, und ich
vernahm Ihn. Vielleicht hatte ich deshalb bei aller Bedro-
hung keine Angst. Ich wußte mich in Gottes Hand und
erfuhr zunehmend meine Liebe zur Kontemplation. In

mir keimte die Berufung zu einem beschaulichen Leben, die zuvor von meinen missionarischen Zukunftsplänen überdeckt war.

In Beuron hatte ich den gregorianischen Choral der Mönche gehört, bei den Benediktinerinnen in Alexanderdorf bei Berlin war ich oft, um mit ihnen die Liturgie zu feiern. In Paris lernte ich Erzabt Rafael Walzer aus Beuron kennen, der, selbst im Exil, mit meinem Vater befreundet war. Ich hatte schon damals Fragen zur Benediktregel, die er mir beantwortete. Ohne Paß, ohne Aussicht, je wieder ins Ausland reisen zu können, glaubte ich jetzt – falls ich überhaupt lebend diese Haft überstehen würde (man denkt wohl noch nach dem Urteil an die Freiheit) –, daß Gott mich hier in der Zelle von Moabit für ein beschauliches Leben „umgeschult" hatte. *Er* konnte dafür auch eine *Isolationshaft* benützen.

Am 12. November 1938, kurz nach der Reichskristallnacht, wurde ich unerwartet entlassen, zumal mir beim Verhör am Vortag noch gesagt wurde, mir stehe „sehr Schweres bevor". Als ich das Gefängnistor in die Freiheit durchschritt, teilte mir der Justizbeamte mit, ich müsse täglich mit der Einlieferung in ein KZ rechnen. Dieses Wissen begleitete mich bis zum Einmarsch der Russen im Mai 1945. Damals glaubte ich, nie wieder lachen zu können. Ich wurde weiter von der Gestapo beschattet. Später besuchten sie mich in der Klinik. Noch ehe ich mein Zimmer betrat, hatten sich die Herren schon für meine Sachen interessiert. Doch sie konnten nichts finden.

Das Wintersemester hatte bereits begonnen. Würde ich überhaupt weiterstudieren dürfen? Doch auch diesmal hatte Gott seine Boten gesandt. Später erfuhr ich, daß Romano Guardini und andere sich für mich eingesetzt hatten. 1940 absolvierte ich die 17 Fächer des medizinischen Staatsexamens. Doch vor den letzten fünf fuhr ich für einige Tage an die Weser, um die Benediktinerinnenabtei vom Hl. Kreuz in Herstelle kennenzulernen. In Freiburg hörte ich von ihrer Bedeutung durch Odo Casel, Mönch aus Maria Laach, der dort seine Mysterientheologie lehrte und die Gemeinschaft in der gemeinsamen liturgischen Feier in Christus verwurzelte. Die Atmosphäre der Abtei schlug mich sofort in ihren Bann. Hier konnte ich atmen. Hier wehte mich Gottes Geist an. Hier war der Ort meiner Berufung.

Pater Odo, der Spiritual des Klosters, bestätigte meinen Entschluß, einzutreten, und zerstreute die Bedenken der Äbtissin Theresia Jackisch, die das Kloster nicht durch den Eintritt der Tochter eines Widerstandspolitikers gefährden wollte. P. Odo hatte die Sendungen meines Vaters gehört. Ich vergaß, um die Aufnahme zu bitten. Ich war überzeugt, mit der gewonnenen Klarheit habe das Gott selber geregelt. Ich fuhr nach Berlin zurück und machte mit „Hurra" die fehlenden Fächer. Meine Mutter glaubte, meine Reise sei eine Examenspsychose. Ich ließ sie bei dieser Vorstellung.

Noch war Krieg. Noch wütete Hitler. Noch verbluteten Soldaten an der Front und Zivilisten unter den Bombenangriffen der Alliierten. Noch wurden die Konzentrationslager mit unliebsamen Mitbürgern gefüllt, und es begannen die Judendeportationen. An einen Klostereintritt war nicht zu denken. Ich begann, in der Klinik zu arbeiten. Doch wußte ich in den folgenden fünf Jahren nie, wer am Ende das Rennen gewinnen würde: der Tod oder mein Eintritt.

Es war aber Krieg

Es war Krieg. Hitler hatte jeden Klostereintritt verboten. So begann ich 1940 – nach Staatsexamen und Promotion – bei Professor Richard Siebeck, dem Ordinarius für Innere Medizin, in der Charité. Er vertrat schon damals ganzheitliche Medizin und verlangte von seinen Assistenten nicht nur eine gründliche Untersuchung von Kopf bis Fuß, eingeschlossen den neurologischen Status. Er erwartete auch eine ausführliche Anamnese und intensive Beobachtung des Patienten, was Verhalten, Bewegungsabläufe, Sprache, Koordination, Gesten, Mimik, Ticks usw. betraf. Bevor ich eine Diagnose stellen durfte, mußte ich alle Varianten ausgeschlossen haben. Das „kleine Labor" erledigte ich auf der Station. Wir wurden zu guten Diagnostikern erzogen. Ich betreute einen 25-Betten-Saal auf einer Frauenstation. So war das damals. Die Tätigkeit machte mir viel Freude. Mit dem ersten selbstverdienten Geld (50 RM) kaufte ich meiner Mutter eine riesige Azalee.

Einige Wochen machte ich zusätzlich Nachtdienst im Kinderbunker des Reichstags. Als die Klinik zunehmend von Nazis infiltriert wurde, ging Siebeck zurück an die Ludolf-Krehl-Klinik in Heidelberg. Ich sollte ihn begleiten. Doch ich wollte keine Hochschullaufbahn beginnen, weil ich ein anderes Ziel hatte. Auch konnte ich meine Mutter nicht allein lassen. Meine Brüder und mein Schwager waren eingezogen, und meine Schwester mußte bei ihren Kindern bleiben.

Ich sagte Siebeck ab und wechselte in das St.-Josefs-Krankenhaus in Tempelhof. Dort fehlte jemand in der Chirurgie. Ich wähnte, die Kleine Chirurgie könne mir später nützlich sein, und vergaß, daß Krieg war. Zunächst wurde ich als „Durchgangsarzt" für die als Zwangsarbeiter verpflichteten Ausländer und ukrainischen Gefangenen eingesetzt und behandelte ihre vielen Arbeitsunfälle. Ein Franzose brachte mir bei einer Zweitbehandlung einen Rosenstrauß mit, den er vermutlich in den Anlagen stibitzt hatte. Mit den anderen konnte ich mich nur nonverbal verständigen, um ihnen mitzuteilen, daß ich ihnen gut sei.

Später wurde mir eine Frauenstation zugewiesen, und ich assistierte dem Professor. Ich war die einzige Frau zwischen den Chirurgen. Inzwischen waren wir auch Lazarett geworden. Die Verwundetentransporte nahmen zu. Die gegenüberliegende Schule wurde miteinbezogen: Statt der 850 regulären Betten waren es nun 2500 Patienten, die wir unterbringen mußten. Nicht nur die Lazarettzüge von der Ostfront brachten uns Verwundete; die Luftangriffe über Berlin und Umgebung füllten zunehmend die Betten. Bald war ich auch für eine Soldatenstation zuständig. Wir Jungen wurden – wie an der Front – sehr früh verantwortlich eingesetzt. Erfahrene Militärärzte standen mir bei, wenn ich sie um Rat und Hilfe bat. Die Front rückte immer näher, und die Luftangriffe nahmen kein Ende. Wenn die „Verschontgebliebenen" nach der Entwarnung zur Ruhe gingen, begann bei uns die Versorgung der Opfer.

Es waren apokalyptische Nächte. Niemand von uns wußte, ob wir die Nacht überleben würden. Nachts war der Himmel blutrot. Der Sonnenaufgang fiel aus, weil nach den Einschlägen die Rauchentwicklung so stark war, daß es nicht Tag werden wollte. Über Nacht wurde Berlin eine Totenstadt. Ich war sterbensmüde. Doch zum Sterben war ich zu müde. Deshalb seufzte ich oft: „Lieber Gott, erst schlafen, dann sterben!" Wohin ich schaute, nur Trümmer; jede Orientierung war unmöglich. Drinnen aber war vor lauter Bahren kein Durchkommen. Dort warteten die Verwundeten. Die Schmerzen konnten wir allen lindern, doch die Reihenfolge der Versorgung hing an ihren Überlebenschancen.

Inzwischen war Berlin selbst zum Kriegsschauplatz geworden. Pausenlos fielen die Bomben. Wir operierten im Keller bereits mit Notaggregaten, später bei Altarkerzen. Die Verwundeten belegten nicht nur die Gänge, auch die Bänke und die Seitenschiffe der Kapelle. Weil der ständige Bettentransport in den Keller durch die häufigen Angriffe sinnlos geworden war, wurden die Keller zu Krankenstationen. Die Mangelernährung, der Entzug frischer Luft und das Fehlen von Antibiotika – die hatten allein die Amerikaner, wir besaßen nur Sulfonamide – bewirkten, daß viele Patienten schon an kleinen Eingriffen starben.

Als die Russen die „Stalin-Orgel" einsetzten, deren Raketensplitter durch die Erde gingen, starben *alle* mit Gasbrand (hochgiftige Bazillen, die wie Tetanus-Bazillen unter Luftausschluß in der Erde wachsen) infizierten Patienten, so geringfügig die Verletzung auch sein mochte. Unsere Sauerstoff-Therapie reichte nicht aus. Der süßliche Gasbrandgeruch drang durch alle Türen. Ich habe ihn heute noch in der Nase. Es war entsetzlich, so viele junge Menschen, Frauen und Männer sterben zu sehen, ohne ihnen helfen zu können.

Wir haben in dieser Zeit das Teilen gelernt. Innerhalb von Sekunden konnte alles zerstört werden, was Menschen sich in vielen Jahren harter Arbeit erworben und aufgebaut hatten. Oft waren auch die Angehörigen umgekommen. Die zu uns kamen, hatten nur ihr nacktes Leben gerettet. Uns konnte beim nächsten Angriff Gleiches zustoßen. Ich war glücklich, mit den Überlebenden das Letzte teilen zu dürfen und sie in der eigenen Enge unterzubringen.

Weil während der Schlacht um Berlin ununterbrochen Granaten einschlugen, konnten wir nur noch gebückt durch die Gänge gehen. Nachts mußten wir in jeder Feuerpause die Dachböden nach Brandbomben absuchen. Wegen der Gasbrandgefahr wurde mir der Operationssaal im obersten Stock zugewiesen, um dort die Amputationen vorzunehmen. Da ich unverheiratet sei, meinten die Kollegen, könne ich die Aufgabe übernehmen. Ich übernahm sie. Friedhofsbeerdigungen gab es schon lange nicht mehr; die Luftangriffe verboten es. Auch Särge wurden nicht mehr hergestellt. Unsere vielen Toten wurden in Verdunkelungspapier gehüllt und im Krankenhausgarten in ausgehobenen Gräben beerdigt. Nicht nur eine Luftmine zerstörte Teile des Lazaretts, eines Nachts stürzte auch ein russisches Kampfflugzeug über uns ab. Noch abends zuvor hatten mich Kollegen gebeten, mit einigen Krankenschwestern im 3. Stock zu kampieren. Seit Monaten lagen wir angezogen und sprungbereit auf Matratzen. Ich hatte es vorgezogen, zwei Zimmer daneben bei einigen Ordensschwestern zu bleiben, während Pater Roman Hinterhöller, der spätere Abt von Michaelbeuren, als Wachhund vor der Tür lag. Er war als Sanitäter eingezogen worden. Der Bomber stürzte neben uns in die Tiefe und begrub die Kollegen und Krankenschwestern.

Eines Tages – es war noch vor den Russen – sprach mich eine Pharmareferentin an, ob ich bereit sei, beim Einmarsch der Amerikaner diesen ärztliche Hilfe zu leisten. Ein Motorrad würde mich abholen. Ich willigte ein und besorgte mir einen Stahlhelm, Spritzen, Medikamente usw., um einsatzfähig zu sein. So gering mein Beitrag auch sein würde, so lebensgefährlich er war, ich wollte mithelfen, daß das Töten ein Ende nahm. Doch ich wurde nicht abgeholt. Die Russen waren schneller als die Truppen der Alliierten. Mit einem Mal waren sie da. Plötzlich sprangen kleine Mongolen durch die offenen Fenster. Auf der Straße reihten sich die Panjewagen mit den Steppenpferdchen. Kein Panzer weit und breit. Der Krieg war zu Ende. Die Besatzung begann. Dennoch hörten wir bei Tag und bei Nacht Schüsse.

Bis auf einen Stabsarzt der SS rissen sich alle SS-Soldaten ihre Erkennungszeichen ab und zogen Zivil an. Doch ihre eingebrannte Blutgruppe am Oberarm blieb. Nun hatten die russischen Militärärzte das Heft in der Hand. Alle Nichtamputierten wurden nach Komotau „ausgelagert". Das löste bei den Soldaten Panik aus. Sie sprangen aus dem 5. Stock oder wollten amputiert werden. Wurden russische Soldaten operiert, stand ein anderer, in der Hand eine Maschinenpistole, neben dem Operationstisch. Es war Mai. Inzwischen hatte ich allein in Tempelhof acht Kollegen verloren. Einmal begruben wir eine Ordensfrau, die Sekretärin des Chefs, die eine Granate getötet hatte. Während wir sangen und beteten, fraßen die Steppenpferdchen die Blüten am Mandelbaum ab, und die Mongolen schauten neugierig zu. Zur Zeit der Mandelbaumblüte muß ich jedes Jahr daran denken. Abend für Abend schleppten die Russen eimerweise Wodka ins Haus. Die Betrunkenen grölten und suchten nach Mädchen. „Frau, komm mit!" hallte es durch die Gänge – und nachher die Schreie der Vergewaltigten. Ich hatte Angst, auch die Soldaten, die mich nur auf Befehl begleiteten, wenn ich im weißen Mantel, am Arm die Rot-Kreuz-Binde, durchs Haus ging. Ich habe allein auf Gottes Hilfe vertraut, der mich in seinen Dienst gerufen hatte.

Der Sommer war heiß. Uns fehlte es an allem, auch an Verbandsmaterial. Wir mußten die Wunden offen behandeln. Den Wunden bekam das. Doch nie zuvor habe ich eine solche Fliegenplage erlebt. Jeder Verwundete mußte mit einer Fliegenklappe selber seinen „Feind" besiegen.

Der Dauerstreß forderte seinen Tribut. Ich bekam die Ruhr und Scharlach. Eine Brandbombe sorgte für meine vorzeitige stationäre Entlassung. Die häufigen Gallenkoliken begleiteten mich bis ins Kloster.

Eines Tages schickte meine Mutter einen „reitenden Boten" mit der Nachricht, ich möge mir drei Tage Urlaub erbitten. Als ich nach stundenlangem Fußmarsch, als Arzt erkenntlich, in Dahlem ankam – der Verkehr war zusammengebrochen, das Telefon funktionierte nicht mehr –, stand unser Haus noch. Diesen Stadtteil hatten die Elitetruppen besetzt. Hier bezogen die Offiziere Quartier. Ich ließ meine Mutter berichten. Sie habe an ihrem Frisiertisch gesessen, als ein Russe ihr Zimmer betrat. Vielleicht wurde er bei ihrem Anblick an seine eigene Mutter erinnert; denn er schüttete meiner Mutter nur eine große Flasche Eau de Cologne über das Haar. Erst danach begann die Befragung.

Kritisch wurde es erst, als die Russen in der Garage einen „Topolino" ohne Reifen entdeckten. Er war ohne Reifen geliefert worden, wie alle Fahrzeuge, die nicht für kriegswichtige Zwecke gebraucht wurden. Gott sei Dank konnte meine Mutter den Lieferschein vorweisen. Sonst wäre das Sabotage gewesen. Sie mußte nun für die Russen Kartoffeln schälen, durfte die Schalen aber behalten. Damit kochte sie sich auf einem Indianerfeuer im Garten – Gas gab es nicht mehr – eine Schlangensuppe, wie sie es nannte. Außer Stiefeln und einigen Kleinigkeiten nahmen sie nichts mit. Ein Wunder, denn sie sammelten Uhren. Weil sie nicht wußten, wie und daß man sie aufziehen mußte, schmückten sie ihre Arme damit, als seien Armreifen. Auch mir stahlen sie in der Klinik nichts. Über meinem Bett hing eine russische Ikone. Vielleicht war das Verhalten der Soldaten eine Verneigung vor der Gottesmutter.

Doch mein Kommen galt nicht dem Wiedersehen, sondern dem Besuch hoher amerikanischer Offiziere, die sich bei uns umschauen wollten. Sie sagten meiner Mutter, daß sie Vater in den nächsten Tagen erwarten dürfe. Aber er kam nicht, und ich ging in die Klinik zurück.

1946 – 1995

Heimkehr

Noch während seines Heimflugs aus Kanada, wo mein Vater zuletzt in einer Benediktiner-Abtei Zuflucht gefunden hatte, erhielt er die Nachricht, daß er wegen der Russen nicht nach Berlin dürfe. Erst im September 1945 meldete er sich aus Essen und wollte mich sehen. Wegen der russischen Zonengrenze war das nicht ohne Hilfe der Briten, die im Ruhrgebiet saßen, möglich. Für einen 24-Stunden-Besuch schleusten mich britische Offiziere hin und zurück. Mein Vater hatte bei meinen Verwandten eine vorläufige Bleibe gefunden. Ich hatte meinen Vater zuletzt 1938 bei der Weltausstellung in Paris gesehen. Er ahnte schon damals den nahen Krieg und sagte beim Abschied, daß wir uns nun über lange Zeit nicht mehr sehen würden. Kurz danach wurde ich verhaftet. Am Tag meiner Ankunft in Deutschland hatte man eine Sendung von Vaters „Freiheitsbriefen" abgefangen, die ich – laut Anklage – auf deutschem Boden eingeworfen hätte: Ein absurder Gedanke!
Vater war über die Zeit meiner Haft orientiert. Er stellte keinerlei Fragen. Aber *ich* hatte eine Frage an ihn. Ich wollte seine Erlaubnis zum Klostereintritt bekommen. Genauso absurd wie die Unterstellung, mein Vater könnte *mich* als Kurier benutzen, war jetzt seine einzige Frage an mich: Ob ich ein Gelübde abgelegt hätte. Er kannte seine Tochter noch nicht. Eine Spiecker kann doch mit Gott keinen Handel eingehen und feilschen! Als ich seine Bedenken zerstreut hatte, gab er mir sofort die Erlaubnis, in Herstelle Nonne zu werden. Wir wußten beide, wie ich ihm gerade jetzt hätte helfen können. Doch darüber verlor er kein Wort. Meine Berufung hatte Vorrang.

In Berlin kündigte ich in der Klinik zum 1. November 1945. Am 3. Dezember 1945 brachte mich mein Vater nach Herstelle. Doch vorerst blieb ich zum „Aufpäppeln" im Gästehaus. Endlich, am 22. Januar 1946, wurde ich in die Klausur eingelassen. Ich habe meinen Eintritt keine Sekunde bereut. Das ist 50 Jahre her.

Die ersten Schritte

Der erste Schritt „über die Schwelle" bedeutet für jeden eine Zäsur; ganz gleich, ob er heiratet, ins Kloster geht oder sonst einen Neuanfang macht. Ich habe nichts von mir vor der Tür lassen können. Nein, ich habe mich selbst mitgenommen als Last und als Mitgift: meine Anlagen, meine Erziehung, meine Lebenserfahrung durch Ausbildung und Beruf. Mich selbst wollte ich Gott ausliefern.
Ich hatte keinen weltfernen Stern aufgesucht, um dort mein „Seelengärtlein" zu pflegen. Wenn Gott *unseretwillen* Mensch wurde, durfte ich nicht *meinetwegen* ins Kloster gehen. So wenig sich der Herr vor uns retten wollte, als er zum Vater heimkehrte, so wenig wollte ich mich vor der Welt retten, als ich ihr den Rücken kehrte. Gemäß meiner Berufung wollte ich für Gott und die Menschen da sein. In dieser Abtei wollte ich wie ein „Kanalarbeiter" im Verborgenen den Zustrom von Gottes Lebenswasser sichern helfen und den Durstigen den Becher füllen. Weil das Haus den Titel „Vom Heiligen Kreuz" trägt, lebte ich jetzt im Zentrum der Welt, hatte mich Gott ins Urereignis unserer Erlösung gerufen, „wo das Leben zu haben ist".
Ich war glücklich und mußte mich dennoch erst einleben. Die Klausurgitter störten mich nicht. Nach dem Konzil durften sie fallen. Aus Platzmangel habe ich über fünfzehn Jahre eine kleine Doppelzelle bewohnt. Während dieser Zeit wechselte ich häufig mit der Zelle auch die Zellengenossin. Wegen Kohleknappheit waren die beheizbaren

Räume nur mäßig warm. Ich fror und bekam Frostbeulen, weil ich Kliniktemperaturen gewohnt war.

Das Wasser holten wir uns aus einem Kran im Gang. Warmes Wasser gab es nur freitags in der Küche. Der Strohsack war angenehm. Weil Geld und Platz fehlten, hing das Sonntagskleid in einer Plastiktüte am Türhaken, und die Wäsche wurde im Schubfach und einem eingebauten Schränkchen des Betschemels verstaut. Mit der lehmigen Nachkriegsseife fühlte ich mich ständig schmutzig, weil ich an steriles Waschen gewöhnt war. Deshalb verbarg und wärmte ich meine Hände unter dem Pelerinchen, das die Postulantinnen trugen. Mit dieser Umstellung hatte ich gerechnet. Doch meine Erwartungen bezüglich des Tagesablaufes wurden enttäuscht. Ich hatte vergessen, daß ich erst einmal das ABC klösterlichen Lebens erlernen mußte. Ich hatte von Konferenzen und Gesprächen geträumt. Statt dessen wurde mir beigebracht, wie man durch die Kreuzgänge schreiten muß, wie man grüßte, wie man sich bei Fehlern im Chor zu verhalten hatte. Ich sollte die vielen Zeremonienvorschriften im Chor wie das monastische Verhalten im Miteinander erlernen, behalten und praktizieren. Der klösterliche „Knigge" ist schwierig. Dazu kam das komplizierte Aufschlagen der jeweiligen Gesänge und Texte in den verschiedenen Chorbüchern nach dem lateinischen Direktorium (Buch der Festordnung). Vor lauter Suchen, Blättern und „Schielen" kam ich gar nicht zum Beten. Das war noch nicht alles. Denn auch die „Werkzeuge" des täglichen Lebens hatten ihren Platz: die Besen, die Putzstöcke, die Eimer, die Holzschuhe, die Kapuze. Sie mußten jeweils geholt und wieder zurückgebracht werden. Ich war ständig auf Trab.

Weil wir 1946 schon über hundert Schwestern waren, reichten die Stühle nicht aus. Immer neu mußten wir sie von einem Raum in den anderen und wieder zurückschleppen. Es war ein „bewegtes" Leben. Im Refektorium mußte ich die Spielregeln des Essens, des Spülens und

Wegräumens erlernen. Vor allem durfte ich nicht früher als die anderen fertig sein. Dieser Lernprozeß dauerte Jahre; denn in der Klinik hatte ich wegen der vielen Unfälle, später wegen der Opfer der Luftangriffe nie Zeit zum Essen gehabt.

Aus einer von Krieg und Nazizeit gezeichneten kleinen Doktorin eine angehende Ordensfrau zu machen, war schon ein schwieriges Unterfangen. Wir zehn waren das erste Nachkriegs-Noviziat: fröhlich, dankbar, anspruchslos und mit allem zufrieden. Auch wenn uns die alten Schwestern bedauerten, weil sie uns nicht besser verpflegen konnten, lebten wir im Vergleich fürstlich. Draußen hatten wir ja gehungert. Ich hatte in den vergangenen Jahren nichts Heiles gesehen, überall hatten Granaten, Brandbomben und Fliegerangriffe ihre Spuren hinterlassen. Hier aber gab es keine vernagelten Fenster, keine durchlöcherten Türen, keine beschädigten Schränke und Betten. Ich mußte nicht mehr Betten in den Keller fahren und stand nicht länger die halbe Nacht am Operationstisch, um Verwundete zu versorgen. Wir konnten uns satt essen und durften nachts ungestört schlafen: Wir waren wie glückliche Kinder.

Lehrzeit im Kloster

Irgendwann war das Erlernte in Fleisch und Blut übergegangen, und ich sah ein, daß eine große Gemeinschaft solcher Regelungen bedarf.

Nun wurden wir in die Regel Benedikts eingeführt. Darin wird das Evangelium für Mönche, die unter Führung eines Abtes und als Gemeinschaft Christus nachfolgen wollen, „geregelt". Dazu kamen Konferenzen in Väter-, Mönchs-, Kirchen- und Liturgiegeschichte, Einführung in die Neumenlehre und den gregorianischen Choral, Gesangstunden sowie das Einüben von Zeremonien, leider auch die

Wissenschaft, selber den Ostertermin errechnen zu lernen. P. Odo Casel erschloß uns seine Mysterientheologie, die uns fortan prägte. Er hielt uns auch Konferenzen in Kunst- und Religionsgeschichte. Es war mehr, als ich aufnehmen konnte. Ich vergaß vieles und behielt Wesentliches. Die Tischlesung bei den im Schweigen eingenommenen Mahlzeiten sorgte neben der Regel- und Schriftlesung für aktuelle Berichte aus Zeitschriften und gute Literatur aus allen Bereichen. Nach den langen Kriegsjahren hatte ich großes Verlangen danach.

Die Welt wurde für mich wieder rund. Jetzt war Christus die Achse der Welt. Er gab allem, was ich sah, las, hörte oder erlebte, den ihm gemäßen Ort, das ihm zugewiesene Gewicht. Niemand und nichts konnten mich überlisten oder vereinnahmen.

Das Chorgebet – wir waren inzwischen zu hundertvierzig Gliedern angewachsen – wurde mir zu einer immer neuen Offenbarung. Auch wenn ich noch lange nicht alles verstand, öffneten sich innere Türen: Ich wurde eingelassen in das „Geheimnis des Glaubens". Ich lebte erfüllt und mochte mit niemand mehr tauschen.

Auch die zugewiesene Arbeit, mit der wir unseren Lebensunterhalt bestreiten mußten, gehörte in den Alltag des Klosters. Mir wurde ein Putz- und Spüldienst zugeteilt. Wir arbeiteten im Garten und halfen auf dem Feld. Bei der Gartenarbeit drückte man mir eine Harke in die Hand. Aber ich durfte nur zuschauen. Auch zur Feldarbeit durfte ich nicht mitgehen. Doch beim Beeren- und Pilzesuchen in der Umgebung war ich dabei. Die Überforderungen des Krieges zeigten ihre Folgen.

Ich konnte nichts überspielen. Dabei hatte ich beim Eintritt ernstlich geglaubt, zur Erprobung käme ich zuerst in den Stall. Doch das wollte man – wie schon im Arbeitsdienst – den armen Tieren nicht antun. In der Abendfreizeit erfanden wir als Geschenke für Wohltäter Gesellschaftsspiele: ein Bienenspiel, einen Frosch-

Mäuse-Krieg, ein Angelspiel usw. Weil ich mich dabei erfinderisch, vielleicht auch geschickt erwies, sollte ich einige Zeit im Malatelier Kopien herstellen. Doch es wurden leider immer neue Entwürfe.

Eines Abends wurde ich zur Magistra (Novizenmeisterin) gerufen, die mir behutsam mitteilte, daß ich den Anstrengungen des Klosterlebens nicht gewachsen sei. Danach schickte sie mich in die Vigilien (abendliches Chorgebet). Und ich weinte bitterlich. Doch von einem Augenblick zum anderen hörte ich auf. Alles, was gegen mein Bleiben sprach, stimmte. Doch das letzte Wort würde *Gott* sprechen. Meine Tränen versiegten. Meine Not war verschwunden.

War meine lange Pilgerstraße ins Kloster nicht von lauter Wundern gesäumt? Vermutlich war ich viel öfter, als ich es aufzählen konnte, tödlich bedroht gewesen und am Leben geblieben. Immer wieder war das hautnahe Unheil an mir vorübergegangen. Das war doch kein Zufall! Das hatte doch einen Sinn! Das hatte mit Gott zu tun!

Hatte er mich in der Isolationshaft nicht umgeschult für dieses Leben? Und ich betete: „Herr, wenn *du* mich hierhaben willst, werde ich bleiben. Mögen die anderen auch kopfstehen!" Damit war das Thema für mich erledigt. Nie wieder kam ich darauf zurück. Vielleicht gab der Herr meiner Äbtissin, Theresia Jackisch, ähnliche Gedanken ins Herz. Denn niemand stand kopf. Niemand wollte mich mehr – trotz schlechter Laborbefunde – wegschicken. Noch 1950, vor meiner „feierlichen Profeß", war sich Mutter Theresia ihres Risikos bewußt, wenn sie einer alten Schwester gestand: „Auch wenn sie nur noch drei Jahre lebt!" Das ist lange her.

Als ich an meinem ersten Aschermittwoch im Kloster bekennen mußte, dem Fasten nicht gewachsen zu sein, erhielt ich statt der erwarteten Rüge eine große Tasse Schwarztee und ein Butterbrot. Die „Barmherzigkeit siegte über das Gericht". Ich zog die Lehre daraus, daß mein Versagensbekenntnis wichtiger war als selbstherrliches Fasten.

Draußen bezog sich das Sich-Anpassen auf meinen Einsatz im Dienst, der bestimmt wurde von den Opfern der Luftangriffe und den Verwundetentransporten von der Front. Jetzt aber sollte ich mich den vielen Regeln im Chor und im Haus anpassen. Ich war nicht mehr im Katastropheneinsatz, wo mein kurzes Reaktionsvermögen sehr nützlich war. Meine Schnelligkeit mußte auf „monastische Zeiteinheiten" umgestellt werden. Diese Unsitte hatte ich nicht nur aus der Klinik mitgebracht, sondern aus Berlin. Berlinern liegt das Tempo im Blut. Wer beim Umsteigen auf der Rolltreppe stehenbleibt, ist bestimmt kein Berliner!

So setzte man mich im Chor vor die Zeremoniarin. Damit hatte ich die „Dompteuse" im Nacken. Bei Tisch bekam ich einen Eckplatz an der Wand, damit ich nicht zwischendurch aufspringen konnte, um jemandem behilflich zu sein. In den Konferenzen saß ich neben der Vortragenden, damit ich besser gebremst werden konnte, wenn ich zu vorlaut war oder den anderen den Wind aus den Segeln nahm. Vermutlich bin ich Vorgesetzten wie Mitschwestern immer noch eine Zumutung. Mit soviel Temperament ist nicht nur Ungeduld, sondern leider oft auch Unduldsamkeit gepaart.

Schon draußen war ich viele Jahre ins Lassen und Teilen eingeübt worden. Ich hatte darin eine wachsende Freiheit erfahren. Jetzt war deshalb nur spannend, *worum* es im jeweiligen Augenblick ging. Ohne Loslassen bleibt man schon beim Gehen und Treppensteigen unweigerlich stehen! In der Nachfolge war das nicht anders.

Was Demut sei, hatte uns Romano Guardini gelehrt: Selbst-Annahme, nicht Selbst-Vernichtung. Deshalb war Demut Selbst-Findung. Wir sollten zu unserer eigenen Wahrheit, unserer Identität stehen, weil wir nach Seinem Bild und Gleichnis erschaffen und zur Vollendung gewollt und geliebt waren. Damit konnte ich leben. Doch im Alltag wachsen auch „Hörner", die von Zeit zu Zeit gestutzt werden müssen. Ich sollte ja nicht entarten, sondern ausreifen!

Zu meinen Grenzen gehören Stimme und Zahlen. Zu Zahlen habe ich keinerlei Beziehung; ganz gleich, ob das Daten, Seiten, Zeiten oder Abrechnungen betrifft. Inzwischen erspart man mir diesbezügliche Auskünfte und lächelt verständnisvoll, wenn ich meine Abrechnung anderen überlasse.

Die fehlende Singstimme mußte ich nur ein einziges Mal vorführen. Da ich trotz unermüdlichen Übens schon vorher das Resultat kannte, konnte ich die Blamage beim Vortrag einer „feierlichen Lektion" gelassen ertragen. Nur meine Mitschwestern taten mir leid.

Eine dauernde Zumutung bleibt meine „kyrillische" Handschrift. Sie ist nicht erst die Folge der ärztlichen Sprechstunden, in denen wir vieles gleichzeitig tun mußten, sondern vor allem eine Folge von Romano Guardinis Hinweisen, in allem einfach und eindeutig zu sein. Als ich deshalb meine Handschrift unter die Lupe nahm, habe ich das „Zurückschneiden" sichtlich zu gründlich vollzogen.

Bei Zurechtweisungen hielt ich es wie früher, wenn meine Mutter ein Klagelied über mich sang. Ich hörte aufmerksam zu, war über mein Versagen zerknirscht und bereit, mich zu bessern; doch alles Unzutreffende ließ ich schweigend auf sich beruhen.

Nach meiner Meinung befragt, sagte ich ungeschützt, was ich dachte, nicht, was der andere erwartete. Was ich für falsch hielt, nannte ich falsch. Selbst ein Vorgesetzter darf das Falsche nicht umpolen. Doch verändert das Falsche durch einen Amtsträger seine *Tragweite* und sein Gewicht. Dagegen unterlagen Vorlieben und Geschmack keinem monastischen Maßstab.

Meine persönliche Armut beschenkte mich zunehmend,

als ich erkannte, daß mir alles Schöne – die ganze Schöpfung – gehörte, wenn ich allein Christus gehörte und
nichts festhalten wollte. Jeder Besitz vermehrt die Ver-
lustangst und verlangt nach Absicherung. Ich erspare mir
die Angst und das Geld und bin reich.
Ich fand noch einen anderen Schatz, als ich entdeckte, daß
sich Gottes Wille keineswegs nur im Entzogenen und
Schweren kundtut, sondern gleichfalls in allem Gewähr-
ten. Das war ein Blick in Gottes liebendes Herz, der uns
im einen wie im anderen wohlwill.

Aufgaben

Wenn ich allein in der Zelle war, meditierte ich mit Feder
und Pinsel. Die Themen lieferte der Alltag. Unter Gottes
Augen mußte ich mir über Anstehendes Klarheit verschaf-
fen. Schriftlich konnte ich den Problemen nicht auswei-
chen, die sich tagsüber ergaben. Ich brauchte die Kurskorrektur, um nach vorn schauen und leben zu können.
Wie gern hätte ich Bilder aus der Spanischen Apokalypse
meditiert! Doch niemand gab mir die Zeit dafür. Gegenüber diesen Darstellungen empfand ich die Abbildungen
der deutschen Malerschulen geradezu bürgerlich.
Ich begann, liturgische Texte malend zu gestalten. Bei der
Überfülle des Empfangenen brauchte ich dieses Ventil.
Aus mich anrührenden Worten wurden kleine Bildmeditationen. Später veranlaßten sie P. Theodor Bogler,
Mönch und Künstler in Maria Laach, der unser Extraordi-
narius war, unsere Äbtissin um meine Fortbildung zu bitten. Vierzehn Jahre später schickte sie mich auf die Kölner
Werkschulen. Verbale Bild-Meditationen hielt ich Gästen
zur Einführung von Hochfesten, später bei Besinnungstagen; irgendwann fanden sie in Bildbänden ihre Verbrei-
tung.
Eines Tages sollte ich eine alte Mitschwester im Stickate-

lier ablösen, um fortan Entwürfe zu machen. Sie war eine hochbegabte Künstlerin. Doch vor jedem Auftrag mußte sie seufzen: „Das ist aber sehr, sehr schwer!" Ich ungelernte Anfängerin blies mir lieber Mut in die Segel und erklärte: „Ich weiß nicht, ob ich das kann. Aber ich will es versuchen."

Bald wurde ich der Schrecken des Stickzimmers. Vor Einfällen sprudelnd, erschien ich alle paar Stunden mit einem neuen, noch farbnassen Entwurf zwischen den kostbaren Paramenten-Seiden. Ich hatte ein Gefühl für Ornamentik und entwarf Kasel-Stäbe, Stolen, Pallen, Mitren usw. Für die Umgebung entwarf ich Schützen- und Vereinsfahnen. Dabei mußte ich mit den Dörflern manchen Streit ausfechten. Doch mit dem Ergebnis waren sie immer zufrieden.

Arzt vom Dienst

Nach der Einkleidung wurde ich der Infirmarin, die für die Krankmeldungen und Kranken zuständig ist, als Arzt unterstellt. Von 1946 bis 1971 war ich im Kloster „Arzt vom Dienst". Die Oberen ersetzten jetzt den „Klinik-Chef". Es waren sehr schwere Jahre für mich. Denn es ging ja immer um Menschen, oft um ihr Überleben, für die ich vor Gott und meinem ärztlichen Gewissen die Verantwortung trug.

Weil schon Jesus Sirach (38, 1), der jüdische Weise, Israel ermahnen muß, „den Arzt zu ehren, weil auch ihn Gott erschaffen hat"; und weil ein jüdisches Sprichwort, das Jesus für sich selbst in Anspruch nimmt, von der Stellung des Propheten im eigenen Land spricht, wußte ich mich verstanden und begleitet.

Da ich kein Kassenarzt war und Nonnen damals keiner Kasse angehören durften, mußte ich mich mit Ärztemustern und Gaben begnügen. Bei einer notwendigen Klinikeinweisung waren wir auf die Barmherzigkeit der Vinzentinerinnen und Klinik-Ärzte angewiesen, die uns um „Gotteslohn" aufnahmen und behandelten. Dem Nikolai-Krankenhaus in Höxter und anderen Kliniken bleiben wir lebenslang dankbare Schuldner. Gott sei Dank hatten wir damals noch wenige ältere Schwestern. Dadurch brauchten wir bedeutend weniger Medikamente als heute. Jetzt kam mir meine gute Ausbildung in der Charité sehr zustatten. Dort hatte ich gelernt, auch ohne „Apparate" Diagnosen zu stellen.

1971 wurde ich plötzlich aus meinem Dienst „entlassen". Danach erfuhr ich, daß jetzt alle Klöster zum Beitritt in eine Krankenkasse verpflichtet seien. Für die bedeutend bessere Versorgungsmöglichkeit war ich dankbar. Als Kassenmitglieder konnten wir wie alle Kassenpatienten behandelt werden und Medikamente verschrieben bekommen. Bei unserer jetzigen Altersstruktur wurde der Kassenbeitritt lebensnotwendig. Ich habe es inzwischen dankbar am eigenen Leibe erfahren. Von den achtundachtzig Mitschwestern, die während meiner Klosterzeit zu Gott heimgehen durften, habe ich bis 1971 die meisten bis ins Sterben begleiten dürfen. Sie werden vor Gott für mich einstehen.

Stichtage

Mein Eintritt war ein Start ins Unbekannte. Ich hatte alles verlassen, was mein bisheriges Leben über fast 30 Jahre gefordert, erfüllt und erprobt hatte. Ich glaubte, am Ziel zu sein, und erfuhr, daß es Aufbruch war. Naiv nahm ich an, nun als Gipfelstürmer in der Seilschaft von Gipfelstürmern zu leben. Doch ich lernte von Tag zu Tag mehr, bescheidener zu werden.

Mochten die Menschen, die ich verlassen hatte, auch glauben, daß meine Gaben in der Welt besser eingesetzt wären; mochten sie meinen „Auszug" auch einzig unter Verzicht und Verlust buchen: Sie irrten! Ich war ins Magnetfeld Gottes geraten, der mich anzog, auflud und aussandte, wie die Sonne ihre Strahlen aussendet. Ich selbst wußte mich beschenkter und anspruchsvoller als alle, die ich zurückließ. Als die große Teresa ihr „Gott allein ist genug" formulierte, war das kein erbaulicher Slogan. Aus Erfahrung wußte sie, was das besagte.

Auch sechs Monate Postulat gehen einmal zu Ende. Sie waren die Grundausbildung, in denen ich die Spielregeln klösterlichen Lebens erlernt hatte. Nun sollte ich eingekleidet werden. Das war die erste äußere Angleichung an die Mitschwestern. Denn ich tauschte meine Postulantenkleidung (Kleidung bei Eintritt) gegen das Ordensgewand ein.

Weil Abt Ildefons Herwegen von Maria Laach sterbenskrank war, durfte mich P. Odo Casel einkleiden. Das geschah nicht im Altarraum, sondern am Kommuniongitter. Es ersparte mir den Gang um die Mauer und das Klopfen an der Klausurtür, wobei ich, Antiphonen singend, hätte um Einlaß bitten müssen. So entfiel diese Gesangsprobe. Ich empfing das „heilige Kleid", den weißen Schleier der Novizinnen und den neuen Namen. Fortan durfte ich Kyrilla, d. h. *kleine Herrin*, heißen und in meinen neuen Namen hineinwachsen. Das Diminutiv paßte zu meinem Format. Der greise Johannes redet seine Gemeinde so an: „So bitte ich dich, *Herrin*, nicht, als wolle ich dir ein neues Gebot schreiben, sondern nur das, was wir von Anfang an hatten: daß wir einander lieben sollen…" (2 Joh 1, 5f). Das war mein Weg-Programm. Ich trug den Namen des verherrlichten Herrn: Kyrios. Das war unendlich anspruchsvoll; denn ich sollte die Spur des menschlichsten aller Menschen aufnehmen bis „hinauf nach Jerusalem" (Leidensankündigung), bis hinüber zum Vater (Verherrlichung). Mußte mir das Herz nicht weit werden dabei? Jetzt war der Herr selbst für seine „kleine Herrin" zuständig. Jetzt trug Er die volle Verantwortung für mich, und ich hatte unbegrenzte Redefreiheit, um ihm das ganze Leid der Welt vorzutragen. Jetzt sollte ich nur noch in Seinem Namen bitten, denken, handeln, leben. Deshalb habe ich mir – sehr unexegetisch – einen Satz aus dem Abschiedsgebet Jesu zu eigen gemacht: „Bewahre mich in deinem Namen, den du mir gegeben hast" (vgl. Joh 17, 12). Mein persönlicher Schutzengel und Begleitschutz war jetzt der Herr selbst. Darum erinnere ich ihn, wenn etwas schiefgehen kann, bei einer Bergwanderung etwa oder vor einer Operation: „Herr, wenn du mich hier noch brauchst, dann paß auf!"

Mein Einkleidungstag fiel auf den Vigiltag des hl. Jakobus, den 24. Juli 1946. Am Jakobustag singen wir die Antiphonen der Apostelfeste, die die Worte aus dem 2. Johannesbrief variieren. Jakobus und seinen Bruder Johannes nannte der Herr „Donnersöhne", was den Löwen in mir besonders freute. Mit Petrus gehörten die drei zu den Vertrauten Jesu. Auch das nahm ich dankbar wahr und fühlte mich von allen Seiten behütet – und gewiesen. Ich war aufbruchbereit.

Bedingungslos alles

Die ersten Gelübde (Versprechen), die uns für drei Jahre binden, sind ein Zugeständnis. Wir könnten einer Illusion zum Opfer gefallen sein; unter Umständen möchten wir die Berufung erzwingen. Deshalb sollen die folgenden Jahre unter der Bindung erproben, wie es wirklich um uns steht. Die Erfahrung zeigt, daß ein Pflänzchen nur in der richtigen Erde anwachsen, blühen und Frucht bringen kann. Anderenfalls geht es ein. Nach der abgelaufenen Frist kann eine Schwester das Kloster wieder frei und ungebunden verlassen, um einen Beruf zu ergreifen.

Wir zählen unser „Klosteralter" nach der ersten Profeß. Für *mich* gab es keine Gelübde auf Zeit. Was wäre aus unserer Erlösung geworden, wenn Maria auf Gottes An-Spruch nur bedingt reagiert hätte? Sie hat schlicht ja und amen gesagt. Sie hat sich keine Hintertür offengelassen. Darum konnte unsere Erlösung beginnen. Wenn Gott nun mich in Dienst nehmen will, darf auch ich keinen Versuchsballon steigen lassen. Auch ich kann nur bedingungslos ja sagen. Das erübrigt eine Bindung auf Zeit. Ich bin zugelassen zu den ersten Gelübden.

Jetzt mußte ich durchspielen, was meine Ganz-Hingabe enthält. Schon das Wort meint: Alles. Unsere Gelübde nach der Regel Benedikts benennen Beständigkeit, Gehorsam und klösterlichen Lebenswandel, Umkehr. Unausgesprochen bleiben Ehelosigkeit um des Himmelreiches willen und Armut. Sie waren für das frühe Mönchtum so selbstverständlich, daß Benedikt sie nicht eigens erwähnt.

In unserer mobilen Welt ist *Beständigkeit*, das Ausharren in einer Gemeinschaft, ein Fremd-Wort geworden. Dennoch kann ein Apfelbaum nur Äpfel zur Reife bringen, wenn er in seinem Erdreich verwurzelt bleibt.

Was *Gehorsam* Gott gegenüber verlangt, wußte ich von daheim: Kein devotes Kopfnicken, kein braves Verhalten von Kleinkindern, kein faules Folgsamsein, kein Kadavergehorsam; wohl aber verantwortungsbewußte Gefolgschaft, mündiges Verhalten im Äußern der Meinung wie im Zurückstecken, wenn eine andere Entscheidung gefällt wird. Immer ist das eigene Gewissen für den Fordernden wie für den Geforderten Voraussetzung zu reifem Gehorsam. Freilich wird er manchmal zum Hochsprung über den eigenen Schatten oder zum Absprung vom Zehnmeterbrett. Funktionalen Gehorsam gibt es überall da, wo der Tagesablauf geregelt ist. Im Gehorsam erhält meine Verfügbarkeit ein je anderes Gesicht. Nicht das Gelingen, meine innere Bereitschaft entscheidet über den Wert meines Gehorsams.

Ich mag das Gelübde der *Umkehr*. Es erlaubt mir, jeden

Tag neu zu beginnen. Mein Umkehrendürfen setzt Versagen voraus. Ich darf zu meinen vielen Schlagseiten stehen. Ich brauche nichts zu verdrängen, muß nie aufgeben. Weil Vollkommenheit *Gottes* Geschenk ist, fallen die Perfektionisten Gott in den Arm und verhindern ihr Werden. Selbstgebastelte Heiligenscheine vertragen Regen ebensowenig wie die gestärkten Flügelhauben der Vinzentinerinnen.

Armut, die wir nicht eigens geloben, umschließt außer Besitz und Karriere auch Titel, Ansehen, Prestige. Das macht uns nach weltlichen Maßstäben bedeutungslos. Das Notwendige können wir erhalten und erbitten, wenn es Krankheit oder Arbeit erfordern. Doch ich darf auf nichts „sitzenbleiben", auf nichts Anspruch erheben, als gehöre es mir. Alles ist allen gemeinsam. Doch mir steht kein Verfügungsrecht zu. In einer Konsum- und Wohlstandsgesellschaft wirkt freiwillige Armut provokativ und macht nachdenklich.

Die *„Ehelosigkeit um des Himmelreiches willen"* mag dem heutigen Menschen noch unverständlicher sein. Doch wird die Ehe in unserer Weihe-Präfation – dem Segensgebet – nicht abgewertet. Sie hat ihren Platz in Gottes Geschichte mit uns als Abbild der endgültigen Gemeinschaft aller Erlösten mit Christus. Die zur Ehelosigkeit Gerufenen nehmen durch ihr Leben glaubend voraus, was alle Glaubenden erwartet: das Mysterium unvorstellbarer ewiger Liebe.

Ist Berufung dann noch ein Mangel? Sie macht mich frei für Gott und die Menschen. Als Kundschafter des Gottesreiches darf ich etwas von unserer unendlichen Zukunft erfahrbar machen. Von Gott erfüllt und beauftragt, bin ich weder zu kurz gekommen noch sitzengeblieben.

Auch das Thema Gesundheit gehört zur Ganzübereignung. Wenn sie auch nicht das Wichtigste ist, so ist sie doch wichtig und wertvoll. Auch die Gesundheit übereigne ich Gott, damit *Er* darüber verfüge. *Er* weiß, was zu meiner Reifung und Zähmung notwendig ist. Ich habe den

Verstand nicht ausgespart. Sonst stimmte mein *alles* nicht mehr. Solche Gottübereignung schließt spätere „Angebote" aus.

Aus Erfahrung wußte ich bereits, daß ich selbst meine guten Vorsätze allzuoft nur mangelhaft eingelöst hatte. Deshalb kann ich aus meinem neuen Anlauf keine Gabe machen, höchstens Umkehr. Ich wußte auch, daß sich Gott nach der Profeß nicht alles auf einmal holt; nur die fälligen Raten. Über deren Inhalt und ihre Reihenfolge bekomme ich keine Auskunft. Das fordert mich auf, immer abrufbereit zu sein. Dieser unberechenbare Gott hält mich in Spannung.

Nun wußte ich – theoretisch –, was meine Gelübde enthalten. Nun konnte ich bewußt sagen: „Hier bin ich, Herr. Verfüge *Du* über mich!" Das geschah am 25. Juli 1947, am Fest des hl. Jakobus.

Am Jakobstag 1950 durfte meine erste Profeß in die letzte einmünden. Jetzt wurde auch die erste öffentlich bezeugt und beglaubigt. Abt Basilius Ebel von Maria Laach nahm sie entgegen und spendete mir die Jungfrauenweihe. Ich empfing den Ring der Treue, den schon meine Großeltern und meine Tante getragen hatten. Ich wurde verschleiert. Doch nicht mit dem roten *flammeum* der Römerinnen, gegen das ich mich im Traum nächtelang gewehrt hatte, sondern mit dem schwarzen Schleier der „ewigen Professen". Mir wurde der Myrtenkranz aufgesetzt, der bis zur Beerdigung verwahrt und uns im Sarg, frisch umwickelt, wiederum aufgedrückt wird. Ich empfing die Kukulle, das weitärmlige, gürtellose Chorgewand. Danach reichte mir Abt Basilius das monastische Brevier mit dem Auftrag, es im Namen der Kirche, als Stimme des Gottesvolkes, zu beten.

Nun konnte mich niemand mehr fortschicken. Nun konnte man mich nur noch begraben. Jetzt mußte man mit mir rechnen, durfte es auch. Aber man mußte mich auch ertragen. Ich war nun verantwortlich beteiligt am Leben der Gemeinschaft. Was ich auch dachte, tat oder wie ich reagierte, half oder schadete allen. Da mir die neutralen Register fehlen, kann bei mir erst Traurigkeit die Explosion verhindern oder löschen. Was leiden macht, war sicher in der Liebe verwurzelt; bei Gereiztheit und Ärger ist sie überlagert.

Es gab auch Pannen: Mein Weihetermin kollidierte mit der Priesterweihe meines Dominikaner-Bruders Rochus. So veranlaßten seine Oberen, daß ihn Kardinal Frings bereits 1949 im Kölner Dom weihen durfte. Da mein Vater nach der Weihe von Rochus einen Herzinfarkt erlitt, mußte die Nachprimiz bei uns entfallen. Am Tag nach meiner „feierlichen Profeß" mußte er zum ersten Staatsbesuch nach dem Krieg nach Südamerika fliegen.

Dort ereilte ihn bereits der dritte Infarkt, vielleicht durch die Belastung der vielen Pressekonferenzen und Höhen- und Klimaunterschiede verursacht. Er schrieb mir von dort: „Ein Bischof auf Firmungsreisen ist ein Waisenknabe gegen mich."

Ich selbst leistete mir auch einiges: Bei der ersten Profeß hatte ich beim Vorlesen der handgeschriebenen, unterzeichneten Urkunde vergessen, meinen Namen zu nennen. Schmunzelnd stellte eine Mitschwester, die Juristin war, fest: Durch meine Unterlassung sei meine Profeß ungültig. Doch weil der Adressat Gott kein Jurist war, störte mich das wenig. Weit tragischer war mein Malheur beim Unterzeichnen der Urkunde bei der Ewigen Profeß. Das mußte am Gitter, in aller Öffentlichkeit, mit Schreibfeder und Tintenfaß geschehen. Mir aber fiel die Stahlfeder beim Eintauchen in die Tinte. Ich mußte sie zum Unterschreiben mit zwei Fingern wieder herausangeln. Schon beim Zeremonien-Üben hatte ich hygienische Bedenken wegen des Teppichs geäußert, auf den ich mich während der Allerheiligenlitanei ausstrecken mußte. Und nun das noch! Es war die letzte Prüfung bei der letzten Profeß. Nun war nur noch das tägliche Einlösen fällig.

Zwischenbilanz

Nach viereinhalb Klosterjahren hatte ich erfahren, worauf ich mich in der Profeß eingelassen hatte. Nicht nur mich, auch meine Mitschwestern hatte ich besser kennengelernt. Ich wußte, daß wir auf unserem gemeinsamen Weg in einem Läuterungs- und Reifungs-Prozeß standen. Es war nicht nur ein gegenseitiges Empfangen, auch ein Einander-Ertragen. Nicht nur ich, auch die anderen hatten ihre Anlagen und ihre Vergangenheit mitgenommen. Keiner kann sie mehr abschütteln. Fortan mußte ich nicht nur mit meinen, sondern auch mit den Gegensätzen der anderen leben. Ich war eingebunden in ein verantwortliches Mit- und Füreinander. Manche beneidete ich wegen ihrer Geduld und Sanftmut, das Verhalten anderer konnte ich nicht nachvollziehen und wurde ihnen dadurch nicht gerecht. Die Grenzen der anderen machten die eigenen sichtbar. Dabei wußte ich mich zunehmend solidarisch mit der Schuld aller Menschen. Ich konnte mich nicht mehr über irgendwen erheben, weil auch ich potentiell zu allem fähig war. Um so wichtiger war mir, über die Gedanken des Herzens zu wachen, weil auch sie eingingen in die große Geschichte der Welt.

Einmal wurde ich durch meine Spontaneität zum Störfaktor, dann wieder konnte ich durch eine Bemerkung alle erheitern. Einmal freute ich mich an den anderen, dann wieder litt ich an mir und den Mitschwestern. Jetzt fehlte das Gefälle zwischen Arzt und Patient; jetzt stand ich als *Mitschwester* mit jeder im gleichen Glied, zumal ich zeitlebens kein „monastisches" Amt besaß noch begehrte. Ich stellte fest, daß Begabung und Ausbildung allein nicht genügen, um ein „ganzer" Mensch zu sein. Gerade die schlichten Mitschwestern lebten mir vor, was zählt. Sie haben das gemeinsam Empfangene in Leben umgesetzt. Unvermittelt können sie Tieferes sagen als die „Studierten". Was sie mitteilen, ist durchblutete Erfahrung, kein abstraktes Buchwissen. Meist gehen sie mit ihren Gebrechen und Krankheiten selbstverständlicher um als die Kopflastigen. Ihr ungebrochenes Gottesverhältnis bezieht sich auf den ganzen Menschen. Ich lerne von ihnen.

Sobald man mir Vorbilder hinstellte, denen ich nacheifern sollte, merkte ich bald, daß ein solcher Versuch aussichtslos war, weil ich in kein Schema hineinpaßte und kein Verlangen hatte, ein Abziehbildchen zu werden. Allein der Herr und sein Wort gaben mir den nötigen Spielraum, um christusgemäß der Regel zu folgen. Weil der menschgewordene Gott uns Christsein vorgelebt hat, konnte ich mich an ihm orientieren.

Als „Spree-Athenerin" habe ich meine Berliner Direktheit, meine treffsichere Ausdrucksweise, meinen Witz sowie meine schnelle Reaktionsfähigkeit leider nicht immer mit Rücksicht auf die Mentalität anderer benutzt. Deshalb erfuhr ich das wöchentliche „Schuldkapitel", in dem wir uns freiwillig anklagen, wenn wir den Frieden gestört haben, wie eine erfrischende Dusche. Danach konnte ich das Wohlwollen der Mitschwestern mit Händen greifen.

Ein Balance-Akt bleibt für mich, gleichzeitig auf die Eigenarten und Schwächen der Mitschwestern Rücksicht zu nehmen und gelassen den gemeinsamen Dienst zu erfüllen. Auch wenn ich immer wieder die Norm sprenge und in kein Karo hineinpasse, weiß ich mich angenommen und möchte auch jede einzelne in ihrer Eigen-Art annehmen. So wie meine nüchterne Sachlichkeit allen Antipoden eine Zumutung bleiben wird, kann *ich* das Anspruchsdenken der Nachkriegsgeneration kaum nachvollziehen.

Trotz meiner Individualität und inneren Unabhängigkeit, trotz meiner Schwierigkeiten und Niederlagen zweifelte ich nie an meiner Berufung. Sichtlich brauchte ich diese lebenslange Herausforderung. Wenn meine täglichen Schwierigkeiten aus dem Gemeinschaftsleben kamen, so gab es doch eine sich wiederholende Anfechtung, die von „draußen" kam: Jedesmal, wenn die Medien von Katastrophen aller Art berichteten, geriet ich in inneren Aufruhr. Der Löwe in mir verlangte nach Einsatz und Taten im Katastrophengebiet. Doch noch bevor ich deswegen bei meiner Äbtissin vorstellig werden konnte, hatte der Löwe bereits meine Eierschalen zerbrochen, und ich lag im Bett. Dort hatte ich dann Zeit, um zu erkennen, daß mein Einsatzdrang nichts als zeitweise Flucht aus meinem unsichtbaren Einsatz war. Bis zur nächsten Katastrophenmeldung blieb ich dann zahm.

Viele Erprobungen, die den anderen zu schaffen machten, verfehlten bei mir die pädagogische Absicht. Ich war vor dem Eintritt zu gründlich ins Loslassen eingeübt worden, bis hin zu der konkreten Möglichkeit, hingerichtet zu werden. Weil wir uns schon früher nie drücken durften, immer verfügbar sein sollten, machte mir das auch im Kloster keine Schwierigkeiten. Doch das eine Mal, als ich mich im Krieg bei einem Landser, der mir Grüße seiner Schwester überbringen wollte, verleugnen ließ, steckt mir noch heute wie ein Stachel im Fleisch. Wenn ich nachts immer wieder zu Verwundeten geholt wurde, half mir der Satz: „Es ist der Herr!", um meine Erschöpfung zu überwinden.

Weil ich nicht im Unfrieden zu leben vermag, ist mir das Verzeihen und das um Verzeihung bitten lebenswichtig. Lieber gehe ich selbt mit einem guten Wort zu dem anderen, als daß ich vergeblich auf das befreiende Wort warte. Wenn es wieder stimmt, ist das Miteinander nachher oft schöner als vorher. Unrecht durch Vorgesetzte waren Zerreißproben, die meist eine Wachstumsphase einleiteten. Als man mich darauf hinwies, der Herr habe uns verziehen, als wir noch Sünder waren, konnte ich das auch auf mein eigenes Verhalten anwenden, um nicht länger in der Enttäuschung steckenzubleiben.

Schon bald merkte ich, daß ich die Mitschwestern sehr unterschiedlich beurteilte. Was ich bei der einen großzügig übersehen konnte, kreidete ich der anderen an. Natürlich konnten mir nicht alle gleich lieb sein; doch gut sein konnte ich jeder. Wenn keine andere Brücke in Sicht ist, rettet mich eine Hilfeleistung. Weil das Herz mein Wahrnehmen steuert, muß ich mich fragen, ob es mit mir selber nicht stimmt, wenn mir die anderen quer liegen und ich ihnen. Weil ich immer Stellung beziehe und nie unbeteiligt reagieren kann, mache ich es mir selbst oft schwer. Mein Fazit ist uninteressant und nicht erbaulich. Dennoch kann der Herr im Verborgenen sein Werk an mir tun.

Jahresringe

Nach meiner endgültigen Bindung an Gott begann der Kreislauf des Alltags. Die Glocke gliedert ihn. Sie ruft zum Stundengebet, zur Eucharistiefeier, zu den Mahlzeiten, Arbeitsgemeinschaften und Konferenzen. Die Unterhaltung ist auf die Rekreation (Erholungszeit) am Abend beschränkt. Unser Arbeitspensum erlaubt kein unnötiges Reden. Der monatliche Erholungstag ermöglicht einen Spaziergang und gelösten Austausch, ebenso Wochen in anderen Gemeinschaften oder Kuraufenthalte. Diese Entspannung mit Tapetenwechsel ist für unser enges Zusammenleben wichtig. Natürlich haben wir Gelegenheit, uns Rat zu holen oder uns auszusprechen. Die durch das Offizium unterbrochene Arbeitszeit verlangt viel Konzentration; denn in die geteilten Stunden fällt auch Uneingeplantes wie Telefonate, Korrespondenz, Sprechzimmer, Kurse usw. Andererseits sorgt das Stundengebet dafür, daß ich nicht vergesse, was oben, was unten ist.

Auch wenn der Tag vom Morgen zum Abend geregelt abläuft, ist er doch voller Abwechslung und Angebote und bietet geistige Nahrung. Dann geben liturgische wie klösterliche Feste Anlaß zum Feiern; die feierliche Profeß einer Mitschwester und ein Jubiläum, der Wahl- und Namenstag der Äbtissin, aber auch das Begräbnis einer Mitschwester. Nicht nur die von kundiger Hand geschmückten Gemeinschaftsräume, auch die Mahlzeiten, mittags mit einem Glas (gestifteten) Wein und Kuchen am Nachmittag, vor allem die abendliche Fest-Rekreation mit ihren vielfältigen künstlerischen Angeboten überhöhen den Alltag und einen in der gemeinsamen Freude. Dazu kommen Angebote von draußen: Vorträge von Experten, Lichtbild-Reisen, Konzerte. Es ist mehr, als ich verarbeiten kann.

Nach Wochen oder Jahren der Abwesenheit, sei es durch ein Studium oder Klinikaufenthalte, fühlte ich mich bei der Heimkehr sofort wieder in unsere „Sternenbahn" eingereiht. Das Einerlei würde langweilig, wenn ich nur auf der Oberfläche herumpaddelte. Solschenizyn sagt: „Man ertrinkt in der Pfütze, nicht im Meer." Ich muß das Erlebte, Gehörte in Erfahrung umwandeln. Dazu aber muß ich tauchen. Dort werden „Sandkörner" in „Perlen" verwandelt. Dort bekommt der Alltag eine neue Tiefendimension. Dort hält jeder Tag eine neue Entdeckung bereit. Ich lasse nichts zurück, wenn ich tauche, weil ich alles vor Gott bringen möchte. Mögen sich die Tagesereignisse in der Welt, im Kloster, persönliche Nachrichten und Fragen auch wie Kulissen vor- und ineinanderschieben, vor Gott nehme ich anders wahr als im Sichtbaren. Psalmverse, Worte der Heiligen Schrift, Texte der Tagesliturgie werden zum Enzym, das mir die unverdaulichste Kost aufschließt. Ich erkenne Zusammenhänge und versuche, Gottes Gedanken und Pläne mit mir, mit der Welt nachzuvollziehen. Dabei empfange ich Einsichten, zu denen ich die redseligen Tagesnachrichten der Medien als Sprungbrett benutze. Was ich in Gottes Hand lege, wird verwandelt wie unsere Gaben in der Eucharistiefeier. Dort darf ich alles Unerlöste in Erlösung eintauschen. Im Geheimnis des Glaubens brauche ich nicht bei den Schreckensnachrichten und Zukunftsprognosen stehenzubleiben, nicht bei den konkreten

Ängsten und Nöten. Denn Gottes unsichtbares Heilstun durchwirkt alles sichtbare Unheil.

Von diesem empfangenen Wissen möchte ich weitergeben. Ich möchte neugierig machen auf das, was nur Gott schenken kann, wenn wir "tauchen". Immer noch geschieht Brotvermehrung, wenn wir zum Teilen bereit sind.

Mögen die Jahresringe meines Lebens auch einander verdrängen, mag auch die Rinde geborsten und sterbereif scheinen; das Wachstum geht weiter. Jeder Geburtstag zielt auf den jüngsten, an dem das unendliche Leben beginnt.

Als Hofnarr geboren

Die einen sagen mit dem Dichter: "Das meiste aber vermag die Geburt." Die anderen formulieren es schlichter: "Der Stallgeruch bleibt." Die Wurzeln und das Erdreich entscheiden, welche Früchte gedeihen. Als Tochter meines Vaters hatte ich seinen Mut und seine Zivilcourage geerbt. Schon vor dem Eintritt ins Kloster mußte ich sie erproben.

Nach ihrer Weihe zur zweiten Äbtissin unserer Abtei (1966) bot ich Mutter Beatrix Kolck meine Dienste als Hofnarr an. Von Erfahrung noch unbelastet, gab sie mir lächelnd ihr Placet. Ungeeignet für ein monastisches Amt oder eine Führungsfunktion, entsprach der Hofnarr meinen Anlagen und meiner Herkunft.

Hofnarren bekleiden kein Amt. Sie besitzen kein Abgeordnetenmandat. Keine Wählerliste der Welt enthält ihren Namen. Sie sind einfach da und melden sich – gelegen oder ungelegen – zu Wort; nicht aus Geltungsbedürfnis. Denn Lorbeeren ernten sie nie. Sie handeln aus Verantwortung für ihr Volk, für die Entscheidung der Herrschenden. Was der Evangelist Markus allen Christen ans Herz legt, sollte auch die Devise der Hofnarren sein: „Habt Salz in euch, und haltet Frieden untereinander!" (Mk 9, 50). Hofnarren sind keine Spaßvögel und Clowns, mögen sie auch zuweilen unbequeme Wahrheiten in lustiger Verpackung anbieten.

Früher benutzten Herrscher ihre Unbestechlichkeit, um sich von ihnen beraten und korrigieren zu lassen. Hofnarren sind allein ihrem Auftrag, die Wahrheit zu sagen, verpflichtet. Höflinge und Lügenpropheten sagen nur, was dem Herrscher gefällt und ihnen selbst nützt.

Weshalb sollte nicht auch eine kleine Nonne in einer großen Gemeinschaft als Hofnarr nützlich und hilfreich sein können? So versuche ich liebevoll und in Verantwortung meinen Beitrag für das Ganze zu leisten. Manchmal muß ich mich ob meiner Formulierung anklagen; für den Inhalt stehe ich gerade.

Auf Zeit mitten in der Welt

1960 – ich war inzwischen 44 Jahre alt geworden – befand man mich für reif genug, um den Gefahren einer Kunstschule und einer Großstadt gewachsen zu sein. Trotz meiner fehlenden künstlerischen Vorbildung bestand ich die Aufnahmeprüfung für die Kölner Werkschulen. Ich begann in der Klasse von Professor Teuwen, der sich einen Namen gemacht hatte. Er führte uns in die verschiedensten Techniken ein; ins Zeichnen mit Kohle, Tusche und Bleistift, in Maltechniken, ins Holzschneiden, die Herstellung von Glasfenstern und Marmormosaiken. Nach der Grundausbildung ging ich zu Professor Gerster. Ihm boten große Firmen Aufträge als Preisausschreiben an, wenn sie bei Neu- oder Umbauten Wände und Fußböden gestaltet haben wollten. Die ganze Klasse wurde daran beteiligt. Mein Ideenreichtum errang jedesmal zweite Preise. Daneben machte ich Holzschnitte: die Heimkehr des verlorenen Sohnes; einen Rufer-Hirten; die Klugen Jungfrauen, deren Lampen vom Geistfeuer entzündet werden; die Salbung Jesu durch Maria; einen großen Farbholzschnitt, der die Heilsgeschichte in der Theologie des Baumes schildert; daneben Glasfenster und ein Marmormosaik. Mir lagen Techniken, die zur Vereinfachung zwangen.

Da ich altersmäßig die Mutter meiner Mitschüler hätte sein können, obendrein das Ordenskleid trug, wurde ich von ihnen erst einmal unter die Lupe genommen. Sie wollten mich provozieren und malten obszöne Bilder. Doch meine Reaktion entsprach nicht ihrer Erwartung. Ich fragte, ob das geschehe, um sich selbst freizumalen. Damit hatte ich für immer gewonnen. Freilich durfte ich künstlerisch keine Niete sein. Als sich herumsprach, ich käme von der Medizin, wurde ich zur Anlaufstelle für alle Probleme der Mitschüler, nicht nur der eigenen Klasse. Sie vertrauten mir und scheuten sich nicht, mit einer Nonne über die Straße zu gehen. Als ich einmal mit einer Bekannten aus ihrem Porsche stieg, meinten zwei Halbwüchsige: „Wenn eine Nonne aus 'm Porsche steigt, können auch wir wieder in die Kirche gehen!" Als ich 1965 die Schule verließ, baten sie mich zu bleiben, auch ohne malen zu müssen. Einzelkontakte zu Mitstudenten und -studentinnen bestehen bis heute.

Infolge meiner ärztlichen Vergangenheit bot auch das Aktzeichnen keinen Anlaß, um sich über mich lustig zu machen. Den Mitschülern gefiel, daß ich nicht prüde noch leibfeindlich reagierte und Gottes Schöpfung bejahte. Leider machten sie gleichzeitig auch andere Erfahrungen mit Ordensschwestern, die durch ihre Äußerungen wie „Aussparungen" weder sich noch dem Ordensstand einen Dienst erwiesen. Ich konnte sie nicht einmal verteidigen. Vielleicht war das eine Ehrenrettung in den Augen der Mitschüler.

Köln mit seinen Ausstellungen und Kirchen bot mir viele Anregungen durch alte und neue Kunst. Beim Anschauen interessierten mich nicht die kunstgeschichtlichen Daten und Techniken. Ich wollte von den Bildern angesprochen werden und reagieren. Ich weiß noch, wie ich aus einer Max-Ernst-Ausstellung fortlief, weil Dämonen mit Fangarmen nach mir griffen. Da empfand ich etwas von den Mächten des Bösen. Bei einer Picasso-Ausstellung saß ich lange vor einem Bild, das von den Besuchern bewundert wurde. Ich erschrak, weil sie nicht merkten, daß der Maler ihnen einen Spiegel vorhielt, damit sie sich selber begegneten. Picassos neu zusammengesetzte Gesichter und Gliedmaßen waren bereits eine Vision kommender Gentechnik: der Mensch, der nach eigenem Ermessen die Schöpfung verändert. Andererseits rührten mich Proben von Chagall-Fenstern für Jerusalem an. Da betete ein gläubiger Jude in Farben und pries seinen Schöpfer.

Ich unterhielt mich auch gern mit Mitschülern, wenn wir gemeinsam Bilder anschauten. Da merkte ich, daß das Herz entscheidet, was das Auge wahrnimmt. Sobald das Geschaute Wort wird, liegt das Herz bloß. Leider ging es mir gesundheitlich so schlecht, daß ich auf manche Kunstexkursionen verzichten mußte. Rochus, der in St. Andreas sonntags die Kölner „anspitzte" – sie kamen von weither, um ihn predigen zu hören –, hätte mich gern mit Künstlern bekannt gemacht, doch als klausurierte Nonne hatte ich strenge Anweisungen und mußte verzichten. Auch wenn ich durchaus nicht alle Verbote verstand, sagte ich mir: „Daran stirbst du nicht. Gott läßt sich nicht lumpen. Du kommst deswegen nicht zu kurz!" Meinen Bruder ärgerte sehr, daß ich diese Chance nicht wahrnehmen konnte. Nach dem Konzil wurde das anders. Doch durfte ich einmal monatlich mit Rochus zu meiner Mutter fahren. Sie lebte seit dem Tod meines Vaters bei den Dominikanerinnen auf dem Arenberg. Als meine Mutter hinter meinem Rücken, im Einverständnis mit der Äbtissin, mir ein größeres Zimmer mieten wollte, wurde ich wütend. Das hätte dem Image unseres Klosters geschadet. Ich blieb

Sieger im Streit. Obendrein schickte mir meine Mutter, meine Kölner „Freiheit" ausnützend, jeden Tag ein Päckchen. Mir behagte das nicht. Das konnte zu Versuchung und Gewöhnung entarten. Ich fand eine Lösung und verschenkte den Inhalt an die Bettler und Gammler, die es zuhauf gab. Das sprach sich herum. Immer mehr kamen mit ihren Nöten, und ich begann in der Kunstschule Schuhe und Kleider zu sammeln. Ich erhielt viel und konnte austeilen. Weil die ängstlichen Schwestern keinen Bettler ins Haus, schon gar nicht zu mir ließen, wurde das Portal von St. Pantaleon – das Haus, in dem ich wohnte, befand sich auf dem alten Abteigelände – unser Treffpunkt. Ich wurde von allen Bettlern Kölns gegrüßt. Als ich einen, der um ein Glas Wasser bat, nach seinem früheren Beruf fragte, sagte er – ohne zu zögern: „Vertreter fürs Christentum". Auch wenn sie mir öfters was vorflunkern wollten und sich durchschaut wußten, liebte ich sie – und sie mich.

Mein besonderer Freund war Bernhard. Er hatte früher auf dem Bau gearbeitet, war im Suff vom Gerüst gestürzt und saß seitdem im Rollstuhl in der Schildergasse. Er fiedelte vor sich hin, und die Passanten gaben ihm Almosen. Da ich keine zu bieten hatte, unterhielten wir uns. Bald kannte ich die ganze Familiengeschichte, seine Fotos und seine Wünsche. Dieser freundschaftliche Austausch bedeute ihm mehr als ein Geldschein. Rilke hat mit einer Rose Gleiches erfahren. Unser Kloster konnte ihm bis zu seinem Tod durch Päckchen helfen und eine persönliche Freude bereiten. Als er nach meiner Heimkehr Köln verließ, um bei seiner Schwester in Rostock eine bessere Pflege zu finden, blieben wir in Verbindung. All diese Begegnungen bleiben mir kostbar.

Wichtiger als das Erlernte war mir in diesen Jahren der Kontakt mit der Nachkriegsgeneration, die schon im Wohlstand groß geworden war. Auch wenn mir manche ihrer Verhaltensweisen nicht gefielen, hatte ich sie liebgewonnen. Sie wurden mir zur Brücke für unsere jungen Mitschwestern im Kloster. Dafür bin ich sehr dankbar.

Es war für mich ein Gottesgeschenk, daß sowohl die Operation von Rochus, nach der er sich als „Friedhofsanwärter" bezeichnete, als auch der Schlaganfall meiner Mutter in die Kölner Zeit fiel. So durfte ich beide in Bensberg, im Vinzenz-Pallotti-Hospital, besuchen. Rochus hat durch sein Verhalten in den ihm verbliebenen dreieinhalb Jahren seine besten Predigten gehalten. In der Kölner Zeit lernte ich auch den Studentenseelsorger Dr. Wilhelm Nyssen kennen. Er hätte mich gern zur Mitarbeit an die Hochschulgemeinde geholt sowie in das Gremium zur Auswahl der weiblichen Aspiranten des Cusanus-Werkes. Aber die Äbtissin sagte ihm ab.

Im Oktober 1965 kehrte ich endgültig in unsere Abtei zurück. Dort bangte man um mein Einleben nach jahrelanger Abwesenheit. Ich war nur während der Semesterferien daheim gewesen. Für mich selbst war das überhaupt kein Problem. Ich hatte keinerlei Umstellungsnöte. Ich war nur wieder zu Hause und hatte andere Aufgaben.

Gemeinschaft leben

Lebenslang leben und erleben wir Gemeinschaft. Sie erneuert sich durch den Nachwuchs und altert mit jedem Jahr. Der Friedhof birgt unsere Ernte. Weil Benedikt die Verwurzelung in einer Gemeinschaft am Herzen lag, werden wir nicht versetzt. Dadurch empfängt die Gemeinschaft ihre – mit jeder Generation wechselnde – je eigene Prägung. So unterscheidet sich Abtei von Abtei nicht nur durch die Gegebenheiten des Ortes, sondern noch mehr durch das gewachsene Antlitz der Glieder. Das erklärt die Mannigfaltigkeit der Aufgaben unter der gleichen Regel.

Dies lebenslange Zusammen ist Gnade und Prüfung zugleich. Zwar konnte ich selber entscheiden, in welche Abtei ich eintreten wollte – und die Oberen willigten ein. Doch eine Partnerwahl gibt es nicht. Gott selbst hat mir jede Mitschwester für den Weg der Christusnachfolge ausgesucht.

Das gemeinsame Leben ist für mich die größte Herausforderung. Eine *Lebens*gemeinschaft stellt andere Anforderungen als *Arbeits-* und *Zweck*gemeinschaften, die nach Dienstschluß jedes Mitglied ins private Leben entlassen. Ich bleibe Tag und Nacht eingebunden in die Verantwortung füreinander, mag es Dienste oder zugeteilte Aufgaben betreffen.

Wir wachsen miteinander, wir reifen miteinander, wir altern miteinander. Das schließt alles ein, was ein Leben verändert, verschleißt und belastet. Nicht nur die verschiedensten Gaben kommen zusammen, auch die unterschiedlichsten Charaktere. Schon bei der Wahl der Apostel hat der Herr nach eigenen Kriterien in seine Nachfolge gerufen. Hätte ich auswählen dürfen, wären vermutlich die falschen beisammen. Ich hätte einen Club Gleichgesinnter zusammengestellt. Der Herr aber hat mich in eine Arche Noach gerufen. Er wußte, weshalb. Ich habe darüber nachgedacht.

Wie sollte ich mich ins liebende Miteinander des Gottesreiches einüben können, wenn es keine Konflikte und Meinungsverschiedenheiten gäbe! Die Andersartigkeit fordert heraus und prüft, wie es um mein Einfühlungsvermögen, mein Verstehenwollen, meine Hilfsbereitschaft, mein Ertragen- und Verzeihenkönnen bestellt ist. Das Miteinander wesensverschiedener Menschen prüft unentwegt meine Liebe. Schöne Gefühle, fromm Gemeintes und wortreiche Absichtserklärungen legen nur bloß, daß Liebe konkret ist und Helfen so vielfältig wie die Nöte des Nächsten, der mich im jeweiligen Augenblick braucht. Unser gemeinsames Leben läßt keine Ausflüchte gelten.

Die Gerichtsrede Jesu, in der er sich mit jedem Bedürftigen identifiziert (Mt 25, 31 f), und das Gleichnis vom guten Samaritan (Lk 10, 25) lassen mir keine Schlupflöcher. Sie sind mir Prüfstein und Spiegel. Gottes Wort stellt mich und korrigiert mich.

Nichts gibt bessere Auskunft über mich als unsere Gemeinschaft. Jeder kennt des anderen Schwachstellen. Wer nach vielen Klosterjahren noch selbstherrlich ist, hat alle Schleifproben gemieden; denn sie tun nun einmal weh. Doch erst geschliffen, werden aus Kieseln Edelsteine. Freilich nehmen wir das nur beim anderen wahr.

Ich stolpere ja nicht über die *Sünden* der anderen, sondern über ihre Eigenarten. Dennoch helfen mir solche Erfahrungen, gerade mit ihnen behutsamer umzugehen. Stolpersteine fordern mich auf, den anderen anzunehmen, miteinander weiterzugehen. Wir haben doch alle das gleiche Ziel. Alle gehören zur gleichen Seilschaft; alle stehen unter der gleichen Weisung; alle breiten gemeinsam zum Gebet ihre Hände aus und empfangen gemeinsam das einende Brot, das tagtäglich für alle gebrochen und ausgeteilt wird, damit wir zu „einer Gabe werden, die Gott gefällt" (Meßkanon).

Gemeinschaft ist für mich aber auch Bereicherung ohne Ende. Denn jede Mitschwester hat ihre Gabe von Gott, die sie mitbringt und weiterschenkt. Ein Lächeln, ein Gruß, eine Pax (Friedenskuß) können kostbarer sein als ein geistreicher Vortrag. Ich erfahre das immer wieder. Die unterschiedlichen Aufgaben setzen auch entsprechende Begabung und Fertigkeit voraus. So finde ich für jede Frage, jedes Anliegen eine Mitschwester. Aber auch ich möchte jederzeit für jede ansprechbar sein. Deshalb habe ich mein papierenes „Vorhängeschloß" zerrissen. Wenn „es immer der Herr ist", der anklopft, muß ich ihm doch die Tür öffnen, damit er „eintreten und mit mir Mahl halten kann"! (Off 3, 20). Diese „Störung" hat meinen Frieden nie gemindert, sondern vermehrt.

Die Athosmönche haben an der Wand ihres Refektoriums das Fresko einer Jakobsleiter. Auf ihr steigen nicht Engel, sondern Mönche die Sprossen hinauf und hinab. Sie sind immer unterwegs und erfahren Versagen wie Gnade. Auf der obersten Stufe steht Christus und lächelt den Gott-Suchern zu. Niemand braucht mutlos zu werden. Christus reicht uns die Hand, wenn wir fallen, richtet uns wieder auf und schickt uns neu auf den Weg. Auch auf unserer Himmelsleiter geht es so zu. Weil zum täglichen Versagen auch das Einander-Verzeihen gehört, wird das Vaterunser mit der Bitte um Vergebung in der Vesper von der Äbtissin laut vorgesungen. Benedikt erinnert uns, „noch vor Sonnenuntergang miteinander in den Frieden zu kommen". Das persönliche Wort ist notwendig, damit wir einander wieder wohlwollend anschauen können.

Weil uns gerade die Eigenart und Vielfalt gemeinsamen Lebens in die universale Gottesherrschaft der Liebe einüben will, ist mir die Endzeit-Vision des Propheten Jesaja (Jes 11, 6–10) zu einer liebevollen Vorschau geworden. Dort ist es nicht mehr die Ausnahmesituation der Arche Noachs, sondern ein Blick ins Paradies: „Dann wohnt der Wolf beim Lamm, der Panther liegt beim Böcklein. Kalb und Löwe weiden zusammen, ein kleiner Knabe kann sie hüten. Kuh und Bärin freunden sich an, ihre Jungen liegen beieinander. Der Löwe frißt Stroh wie ein Rind. Der Säugling spielt vor dem Schlupfloch der Natter. Das Kind steckt seine Hand in die Höhle der Schlange. Man tut nichts Böses mehr und begeht kein Verbrechen... Denn das Land ist erfüllt von der Erkenntnis des Herrn, so wie das Meer mit Wasser gefüllt ist."

Konflikte gehören dazu

Alltagskonflikte gehören auch im Kloster zum Leben und sollten nicht hochgespielt werden. Wenn Erwachsene konfliktfrei leben, stimmt etwas nicht. Selbst der Herr hat mit Konflikten gelebt; denn jede Entscheidung enthält und beendet einen Konflikt. Wo Menschen lebenslang beisammenbleiben, raucht es schon mal. Es darf nur kein Schwelbrand entstehen. Ein billiges „Schwamm drüber" kann ihn bewirken.

Wie Konflikte sich äußern, ist weithin Temperamentssache. Beim einen knallt es, beim anderen fließen die Tränen. Der eine schweigt beleidigt, der andere muß sich wortreich Luft machen. Weil ich mit angezogener Handbremse leben muß, bedeutet jedes Loslassen einen Unfall. Dann muß ich möglichst schnell um Verzeihung bitten. Weil wir alle aus Gottes Erbarmen schöpfen, darf ich es auch für mich erwarten. Die Pax im Chor gilt allen Anwesenden. Sonst klagt mich der Friedensgruß an. Das Wort Entschuldigung mag der Konvention „draußen" genügen. Im Kloster zerstört sie die Nähe und weist auf Abstand; gleicherweise eine Entschuldigung, die eine Anklage einleitet.

Natürlich kann nichts passieren, wenn wir wie Eisberge aneinander vorbeigleiten. Doch mit einem guten Miteinander hat das ebensowenig zu tun wie fauler Friede mit echtem Verzeihen. Oft ist es Termindruck, der Schnelle wie Langsame prüft: die einen in der Geduld, die anderen in der Überforderung. Gerade in solchen Situationen muß sich erweisen, ob ich geduldiger geworden bin. Den anderen annehmen ist mehr als ihn tolerieren. Auch meine Rechtfertigungen helfen nicht weiter. Doch das einander Von-Herzen-Verzeihen macht uns *mit*einander gerecht. Alle Tage darf ich mein Herz über den Graben werfen und das der Mitschwester auffangen. Ohne Konflikte wäre das unnötig. Bei unseren Konflikten ist es meist so, daß aus den zerbrochenen Schalen zwar kein Küken ausschlüpft, aber ein besseres Einander-Verstehen. Dafür bin ich sehr dankbar.

Kloster in unserer Zeit

Für viele Zeitgenossen sind wir überflüssig und unzeitgemäß, Betschwestern von vorgestern. Sie irren aus Unkenntnis. Auch wenn wir uns keiner Modeströmung unterwerfen noch einem gängigen Kunststil, so stellen wir uns doch bewußt den Problemen und Herausforderungen unserer Zeit. Denn Gott hat jeden von uns in Dienst genommen und aus seinem bisherigen Berufsleben fortgeholt, um uns für das Heil der Welt einzusetzen. Auch hinter Klostermauern bleiben wir gewöhnliche Christenmenschen. Wir sind weder Hochleistungssportler noch Medaillenanwärter.

Unser vornehmster Dienst an der Welt ist das Chorgebet. Dort singen wir Tag um Tag das Gotteslob. Dort tragen wir die ganze Welt, ihre Nöte und Klagen, ihre Verzweiflung und Bitten, aber auch ihren Lobpreis und Dank vor Gott.

Seit dem Konzil dürfen wir auch pastorale Aufgaben wahrnehmen. Wir haben offene Herzen und Türen für jeden, der bei uns anklopft. Benedikt sagt, daß wir in jedem Besucher Christus begegnen und aufnehmen. Bettler wollen bei uns essen, andere suchen die Stille oder wollen an Besinnungstagen teilnehmen. Wieder andere möchten mit uns die Liturgie feiern oder erbitten ein Gespräch, um Last abzuladen, Rat zu suchen oder Beistand. Manche möchten ihre Weichen neu stellen oder brauchen in ihrer Not eine Schwester, die sie betend begleitet.

Die vielen Besucher aller Altersstufen und Schichten, aus den unterschiedlichsten Berufen geben mir weit tiefere Einblicke in das Leben, in das Herz der Menschen als die

Kommunikationsmittel. Was wir als Weltgeschichte erleben, keimt *in uns*, wird in den Gedanken des Herzens geboren, in unseren persönlichen Entscheidungen und unserem Verhalten. Nein, ich muß durchaus nicht alles selber erlebt haben, um erfahren zu werden. In ungezählten Sprechzimmergesprächen wachsen Einsichten im Austausch von Empfangen und Geben.

In diesen Begegnungen wird das Herz weit. Es wird aber auch schwer, weil ich des anderen Last vor Gott tragen möchte. Immer ist es einmalige Not, die stellvertretend für die anderer steht. Die schlaflosen Nachtstunden schenken mir zusätzlich Zeit.

Teilhaben erschöpft sich ja nicht in einem Gespräch, einem kurzen Gebet, auch nicht in Briefen und Telefonaten. Teilhaben bezieht mich existentiell ein. Eine personale Beziehung holt mich in die Verantwortung. Darum bete ich meist vor dem Eintreten, daß mir der Herr das rechte Wort schenken möge. Wie oft erfahre ich später, daß *Gott* mir das Helfende eingab, daß die Antwort nicht aus eigenem Erkennen kam. Viele Rollen fallen uns zu: Einmal bin ich Kurier; dann wieder Telefonistin, die ein Gespräch mit Gott vermitteln soll; dann wieder Pförtnerin, die die Tür öffnen, aber den Eintretenden nicht festhalten darf.

Vielleicht hat mein Herzgedächtnis mit diesen Diensten zu tun. Obwohl ich alles vergesse, bleibt abrufbar, was mir in einem Gespräch anvertraut wurde, mögen auch Monate, ja, Jahre zwischen zwei Begegnungen liegen.

Da wir unseren Lebensbedarf mit unserer Hände Arbeit bestreiten müssen, unterhalten wir Werkstätten und Läden. Innerhalb der Klausurmauern haben wir eine Gärtnerei, einen Blumenladen, eine Buchhandlung, eine Töpferei und Keramikwerkstatt, eine Weberei, ein Batikatelier, eine Stick- und Paramentenwerkstatt. Da die Künstlerinnen, die illuminieren und „schreiben" konnten, die in Metall, Ton und Marmor arbeiteten, heimgegangen sind, warten ihre Ateliers auf jungen Nachwuchs.

Nicht unsere Ernährung und Bekleidung gehen „ins Geld", sondern die vielen Reparaturen, die notwendigen Neuanschaffungen, die Außen- und Innen-Instandhaltung des Hauses. Da wir keine eigenen Handwerker unter uns haben, müssen wir die hohen Stundenlöhne selbst bezahlen. Zum Bescheiden-leben-Können helfen uns Gäste und Kurse. Soweit es die Kräfte erlauben, sind alle Schwestern in den Arbeitsprozeß integriert; denn unser Chordienst, der viele „Arbeitsstunden" in Anspruch nimmt, wird nicht honoriert. Es ist marktwirtschaftlich gesehen ein privater Luxus. Dennoch will die anfallende Arbeit getan sein.

Was uns das Konzil gebracht hat

Seit dem Konzil können wir „unseren" Reichtum mit anderen teilen. Die Klausurgitter verhinderten leicht ein gutes Gespräch. Da sie gefallen sind, können wir einander ungezwungen begegnen. Jetzt sitzen einfach zwei Menschen am selben Tisch. Wenn das Gesprächsklima stimmt, wächst mit dem Austausch auch das Vertrauen, vielleicht das helfende Wort, das uns Gott jeweils ins Herz geben muß.
Nun können wir Besinnungstage und Kurse anbieten; können Mitschwestern zu Fortbildungskursen geschickt werden oder vereinzelt auch außerhalb des Klosters Exerzitien oder Vorträge halten. Jetzt können Eltern mit ihren Kindern bei uns Ferien machen oder junge Frauen als *au-pair*-Gäste mit uns beten, arbeiten und ein Gespräch erbitten. Inzwischen kommen Pfarrgemeinde-Gruppen, Schülerinnen und Schüler mit ihrem Lehrer oder ihrer Lehrerin, Vereine, die etwas über Klosterleben erfahren wollen.
Mittwochs dürfen die Gäste mit in den Nonnenchor. An diesem Tag singen wir keinen gregorianischen Choral, sondern Kirchenlieder aus dem Gesangbuch.

Die Muttersprache in der Liturgie machte die bisherige Trennung von Chorfrauen und Laienschwestern überflüssig. Jetzt dürfen wir unser Gotteslob gemeinsam deutsch singen. Wir legen alle die gleichen Gelübde ab, die zuvor kirchenrechtlich unterschiedliche Bindung und Lösung enthielten. Wir reden uns jetzt mit „Schwester" an; nicht mehr mit „Frau", der früheren Anrede der „Chorfrauen". In der Eucharistiefeier und während der liturgischen Festzeiten singen wir die Texte in gregorianischem Choral lateinisch.

Dieser innerklösterliche „Mauerfall" ist ein Geschenk des Konzils.

Kunst-Aufträge

Zwischen 1950 und meinem Exodus aus dem Kunstschaffen erhielt ich größere Aufträge: für unsere Kirche einen Gitter-Entwurf zwischen Chor und Altarraum. Bruder Ludwig von Münsterschwarzach setzte den Reigen von Lebenszeichen in Schmiedeeisen um. Nach dem Konzil wurden die Gitter entfernt. Für unsere Schwester Agape entstanden Entwürfe für Buchdeckel unserer Lektionare, die sie dann in verschiedenen Techniken der Silberbearbeitung ausführte. Für die Altarwand entstand ein apokalyptisches Lamm als Marmormosaik, ebenso ein Wandmosaik für den Kreuzgang, wo wir unsere Profeß erneuern. Auf dem Kreuzbalken steht das Lamm, umgeben von den sieben Leuchtern und den Feuerrädern. In den beiden unteren Feldern huldigen Mönche und Nonnen mit ihren Kränzen dem Lamm. Große Marmormosaiken schmücken jetzt Wände von Kirchen, Kliniken, Altersheimen. Es entstanden Entwürfe für Wandbehänge, die dann gewebt oder gestickt wurden. Für Keramik-Mosaike machte ich nur die Entwürfe. Für Maria Laach entstanden ein Kreuz als Marmormosaik und viele Entwürfe für liturgische Gewänder.

Auch an Kabinettfenstern (farbige Schmuckfenster, die vor die Sichtfenster gehängt werden) habe ich mich versucht. Ein großes Glasfenstermosaik mit der Vita des hl. Vitus konnte aus Geldmangel nicht umgesetzt werden. Auf Sperrholzplatten malte ich gegenständliche und abstrakte Bilder mit Acrylfarben.

Als Einblick mag das genügen. Eingebunden in unseren geregelten Tag, waren meiner Entfaltung Grenzen gesetzt. Darum hatte auch das Aufhören Sinn.

Empfangenes weitergeben

Für mich gehört zum Empfangen das Teilen. Sonst schmeckt es mir nicht. Über viele Jahre fiel Gottes Wort in mein Herz. Es war meine Grundnahrung. Ich lebte davon. Auch andere sollten auf den Geschmack kommen. Ich kannte so viele Menschen, die hungrig waren nach nahrhafter Kost für den Tag. Wenn es darauf ankam, versagten alle Rezepte, die sie erprobt hatten.

Was in mir selbst Leben geworden war, konnte auch in anderen Frucht bringen. Brotkrumen von Gottes Tisch, keine gelehrten Abhandlungen wollte ich den Suchenden anbieten. Meine Worte sollten ganz einfach und jedem zugänglich sein. Sie mußten gewürzt sein und schmecken. Auch der Herr hatte in Bildern gesprochen. Das kam mir entgegen; denn auch ich dachte und formulierte gern in Bildern.

So versuchte ich unsere Probleme vom Glauben her zu durchleuchten. Ich tat es in fünf Aphorismenbändchen. Ein andermal habe ich Worte und Wörter, Schicksals- und Reizworte unter die Lupe genommen; Worte, die aus der Erfahrung geboren sind, und Schicksale von Worten, alle gewogen an Gottes Wort. Aus den Lesungen und Evangelien der Fastenzeit nahm ich herausfordernde Sätze und koppelte sie an meine persönliche Antwort. In einem Buch zum Sterben bin ich auf die vielen Tabufragen eingegangen und beantwortete sie aus dem Glauben. Mir lag daran, den Blick der Menschen auf unsere Vollerlösung, auf die Erwartung des Herrn zu lenken. Von Bildern und Plastiken angesprochen wie befragt, habe ich mich ihnen in vielen Bildmeditationen und Bild-Bänden gestellt. Die Exegese der alten Steinmetzen half mir, die Kunstreisenden von Stilen und Daten weg und zur „Verkündigung der Steine" (Lk 19, 40) zu locken.

Ich meditierte Natur-Fotos, um eine neue Dimension des Erlebens zu erschließen. Bei Arbeiten von Segantini, Augusto, Giovanni und Alberto Giacometti wollte ich deren Erfahrung beim Schauen ins Wort bringen. Die Passionsgeschichte am Kalkarer Hauptaltar versuchte ich mit der Mysterienfeier des Heilswerks auf dem Altar zu verbinden. Ich meditierte Bilder von Chagall und Picasso. Mit dem Evangelium in der Hand bin ich den Weg von der Taufe Jesu zum Einzug in Jerusalem auf dem Spiralband der Bernwardssäule mitgegangen, bemüht, die Reihenfolge der Szenen zu deuten und sie einzuordnen.

Ich schrieb Beiträge für Zeitschriften und Sammelbände, sogar im Lexikon für Spiritualität, wozu ich mich unqualifiziert fand, leider nicht der Herausgeber! Ich hielt Kurse, Seminar- und Besinnungstage für katholische Frauen (kdf), beteiligte mich an unseren Einkehrwochen, vor allem mit Bildmeditationen. Freude machten mir Kurzpredigten zu unseren Lesungen in den Vigilien. Da ich keine Theologin bin, mußte ich für die Vier-Minuten-Predigten das ganze Buch des betreffenden Abschnitts aus dem Ersten Testament lesen. Erst aus dem Zusammenhang konnte ich die Spur in die Frohe Botschaft finden. Im Westdeutschen Rundfunk hielt ich mehrfach die Morgenandachten. Als beglückend erfuhr ich Exerzitien für Priester aus verschiedenen Bistümern. Als Laie konnte ich so herrlich unbefangen über Gottes Wort meditieren. Einmal hielt ich sie für Pfarrer einer ökumenischen Gemeinschaft in Maria Laach.

Weil ich nicht ausdrücklich vom Gebet sprechen wollte, habe ich über die von Gott in Dienst Gerufenen der Heiligen Schrift meditiert, die ja ständig Hörende wie Antwortende sein mußten. Weil sie immer mit Gott im Wort waren, wurden sie existentielle Beter.

Gottes Wort hat keinen Boden, obendrein ist jeder Tag, in den es hineingesagt ist, anders. Darum kann ich bis ans Ende der Weltzeit daraus schöpfen und trinken. Könnte ich den Becher doch jedesmal kreisen lassen! Das Immerwiederkehrende hat mich noch nie gelangweilt. Im Gegenteil, Gottes Wort wird für mich immer aufregender, immer unergründlicher: die einzige Brücke über das Unwägbare unserer Tage.

Späte Entdeckung

In den vergangenen Jahren habe ich viele Monate in Rehabilitationskliniken zugebracht. Dort habe ich nicht nur meine Liebe zu behinderten Kindern, sondern auch meine Fähigkeit, mit ihnen zu spielen, entdeckt. Vor allem wunderte ich mich, daß ich mit Begeisterung biblische Geschichten erzählen konnte. Den Anlaß gab ein zehnjähriger Junge im Rollstuhl, der von den Geistergeschichten im Fernsehen sowohl fasziniert war, als auch Angst hatte. Durch spannende biblische Geschichten wollte ich sein Interesse umlenken. Schon nach zwei Tagen konnte er nicht genug davon hören. Sobald er mich sah, rollte er mir entgegen und rief: „Erzähl mir aus der Bibel!" Bald wollten auch die anderen Patienten mithören.

Haidar, ein kleiner zehnjähriger Türkenjunge, der durch einen Unfall rechtsseitig gelähmt und stumm war, lehrte mich, stundenlang mit ihm „Mensch-ärgere-dich-nicht" zu spielen. Bis dahin hatte ich mich allen Gesellschaftsspielen strikt verweigert. Obendrein übte ich mit dem intelligenten Bürschchen das Schreiben von Großbuchstaben, die ich ihm nach selbstgewählten Worten vorschrieb. Abend für Abend mußte ich ihm immer zwei gleichbleibende Geschichten vorlesen. Mit den darin vorkommenden Personen waren wir beide gemeint. So mußte ich den Text täglich variieren. Einmal durften wir im Kasino speisen, und Haidar konnte den Gastgeber und großen Herrn spielen. Ungemein liebebedürftig, wollte er auf unseren weiten Fahrten im Rollstuhl von jedem vorübergehenden Patienten umarmt und geherzt werden. Auch ich war zärtlich zu ihm.

Die Leidenden haben ungeahnte Fähigkeiten in mir geweckt. Sie haben mich auch viel gelehrt. Alle, denen ich begegnet bin, trage ich in meinem Herzen; viele in banger Sorge um ihre Zukunft. Wird Haidar nicht eines Tages in die Türkei abgeschoben, und wird Andreas von seinen arbeitenden Eltern nicht irgendwann in ein Heim gebracht werden? Möchten sie alle nicht vergessen, daß sie geliebt sind! Vielleicht kann auch *ihr* Erinnern ein Lächeln in ihnen wecken! Einige Patienten haben weiter Kontakt mit mir und rufen mich von Zeit zu Zeit an, weil sie ein gutes Wort brauchen. Die Kliniken wurden für mich eine Hohe Schule. Im Miterleben von so viel Leid relativierten sich meine Maßstäbe von Krankheit und Leid gründlich. Ich fühle mich ihnen allen gegenüber als Empfangender und als Schuldner.

Wächter-Dienst

Die Beter auf den Mauern Jerusalems, von denen Jesaja spricht, sind mir Leitbilder: „Weder bei Tag noch bei Nacht dürfen sie schweigen. Ihr, die ihr den Herrn erinnern sollt, gönnt euch keine Ruhe" (Jes 62, 6).
Mönche und Nonnen sind die Tempelwache der Kirche.

Wenn wir „siebenmal am Tag" im Chor stehen, um das Gotteslob zu singen, sind wir die Stimme des Gottesvolkes, aller Menschen, der ganzen Schöpfung. Die Psalmen unterteilen den Tag. Sie rufen mich mit einem Glockenzeichen fort von meiner jeweiligen Arbeit. Gott ist die Mitte. „Dem Gotteslob darf nichts vorgezogen werden", sagt Benedikt seinen Mönchen. Es ist die Achse, um die sich mein Leben im Kloster dreht. Wir beginnen den Morgen mit dem Frühlob und bitten dreimal hintereinander: „Herr, öffne mir die Lippen, damit mein Mund dein Lob verkünde!" Damit sind mir für den Tag die Weichen gestellt. Das Erinnern wird mir zur Kurskorrektur.

Seit dreitausend Jahren haben Beter die Psalmen gesungen. Sie haben darin gelobt, gedankt, erzählt, geklagt, gefleht und geschimpft. Sie haben Gott ihr Herz ausgeschüttet. Ich finde mich darin wieder. Auch unsere Nachfahren bis ans Ende der Zeit werden so reden. Die Psalmen hüllen mich in einen Gebetsmantel, der von Generation zu Generation weitergereicht wird. Er ist schwer von Gotteserfahrung und Dank. Jetzt wiederhole *ich* die uralten Worte. Jetzt bin *ich* die Stimme der vielen, für die mich Gottes Ruf freigestellt hat. Ich selbst muß im Wort sein, das ich vor Gott trage. Sonst bleibt es Leergut, und ich verrate meinen Auftrag. Die Psalmen enthalten unsere Botschaft an Gott und Gottes Antwort für uns. Manchmal kann ein Psalm oder ein einziger Vers aufleuchten, als enthielte er die erwartete Weisung, das erlösende Wort. Die Kulisse des Tages, des Weltgeschehens machen sie je neu zu Mitteilungen Gottes.

Psalmverse eröffnen die tägliche Eucharistiefeier und durchwachsen sie auch. Darin werde ich ins Zentrum der Heilsgeschichte, in den Brennpunkt der Menschheitsgeschichte, in das Ereignis unserer Erlösung geholt. Dort setzt Gott Neuanfänge im Miteinander, dort vertieft er meine Gottesbeziehung. Dort verwandelt er mich, wenn ich mich mitnehmen lasse in Sein Sterben und Auferstehen. Wie nirgends sonst wiegt dort jedes Wort schwer. Es stellt mich, damit ich unter Seinen Augen, angesichts Seiner unendlichen Liebe erfahre, wie es um meine Liebe bestellt ist. Dort wird das Vaterunser zum Prüfstein des Tages. Dort nimmt mir Gott meine Schuld. Dort werde ich an Gottes Tisch geladen. Dort schenkt er sich selbst.

Immer unter Strom

Seitdem mir Gottes Wort das Wichtigste ist, kann ich mich selbst nicht mehr so wichtig nehmen. Das befreit mich, vertieft meine Gottesbeziehung, mein Beten.

Weil ich in der Taufe den *Heiligen Geist* empfangen habe, betet Geist *Gottes* in mir: Ich stehe „unter Strom". Er selbst tritt vor Gott für mich ein und hilft meiner Schwachheit (vgl. Röm 8, 23–27). Ich brauche nicht einmal den Strom einzuschalten. Ich muß ihn nur in Anspruch nehmen, um Gottes Kraft zu erfahren. Oft lasse ich mich ablenken und vergesse darüber, daß mein „Anwalt beim Vater" Tag und Nacht ein Ohr für mich hat, weil mein Herz sein „Büro" ist.

Der Pilot im Cockpit ist nicht so vergeßlich. Er weiß, daß seine Verbindung mit dem Kontrollturm für ihn lebenswichtig ist. Ohne den Funkkontakt verliert er den Kurs, erfährt er nicht von einer Gefahr. *Mir* will der Geist *Gottes* den Weg weisen, wenn ich nicht mehr weiterweiß. Wenn ich ihn bitte, „tritt er so, wie Gott es will, für mich ein". Weil der Pilot unterwegs ist, sind Anfragen und Antworten kurz.

Die Methode des Piloten ist auch für mich brauchbar. Die Arbeit erlaubt auch mir keine Weitschweifigkeit. Dennoch kann ich mit Gott in Funkkontakt bleiben. Das ist allezeit und überall möglich: ganz gleich, wo ich bin, was ich gerade tue, was mich gerade bedrängt, erfreut oder ärgert. Weil ich immer „empfangen" werde und der „Empfänger" pausenlos „sendet", brauche ich nicht auf die Stille zu warten, um beten zu können. Funkverbindung ist gut, wenn die Zeit nur Kurznachrichten erlaubt und Kurskorrekturen. Das vernetzt mir alle Stunden mit Gott. Der Dauerkontakt verkürzt auch die Startstrecke ins ausdrückliche Beten. Könnte das für uns heute nicht eine brauchbare Variante des „immerwährenden Betens" sein?

Rund ums Beten

Ich kann auf vielerlei Weise mit Gott im Gespräch sein. Auch die Tonart kann wechseln. Ich kann reden und schweigen. Ich kann Gottes Wort hören und lesen. Ich kann es in mich hineinfallen lassen, damit es keimen kann. Ich kann es umkreisen, bis es mich eingekreist hat. Ich kann vorformulierte Texte benutzen oder frei mit ihm sprechen, so, wie es mir gerade ums Herz ist. Ich kann alles vor Gott tragen. Denn ihn interessiert alles. Nie sagt er: Jetzt, reicht's mir!

Weil Gott mir ins Herz schaut und mich besser kennt als ich selbst, brauche ich kein Blatt vor den Mund zu nehmen. Was ich los bin, belastet nicht mehr. Der Herr „entsorgt" alles, er erlöst und befreit mich. „Er schafft mir Raum in Bedrängnis" (Ps 4). Ich bin nicht länger „besetzt". Ich kann wieder aufnehmen, wahrnehmen, reagieren.

Inzwischen habe ich auch richtig zu fragen gelernt. Denn irgendwann merkte ich, daß alle Fragen an Gott, die mit dem Wort „Warum" beginnen, und alle Sätze, die ein „Aber" enthalten, in eine Sackgasse führen. So unterließ ich das „Aber" und das „Warum". Jetzt fragte ich: „Was willst du mir damit sagen?" Das führte mich ins Einverständnis mit Gottes Gedanken und Plänen. Ich lernte, seine Anfragen mit Ja zu beantworten, und erwartete keine

Erklärungen mehr. Mitten im Sturm war ich im Auge des Sturms, wo es still ist. Ich war im Frieden.

Manchmal brauche ich eine Atempause zum tiefen Einatmen. Die Kapazität des Einatmens aber ist vom Ausatmen abhängig. Erst muß ich Raum in mir schaffen, sonst warte ich umsonst auf die heilende Stille. Erst muß ich alles, was in mir Unfrieden ausgelöst hat, ausräumen. Das fordert Bekenntnis und Umkehr. Gott braucht viel Platz, weil er mir viel mitteilen will. Sein Wort wird nie Makulatur. Es überlebt unsere Worte und „bleibt". Es ist mein tägliches Brot. Gottes Wort nistet sich ein und verändert mein Denken, mein Wahrnehmen, mein Entscheiden und Handeln. Es ist mein Kompaß. Ich lasse mich nicht mehr vom Eingängigen überfahren.

Gotteserfahrung

Schon im ersten Jahrtausend hat ein Weiser, Gregor der Wundertäter, gesagt, daß Theologie Reden *aus* Gott *über* Gott sei. Da konnte ich einsteigen; denn Gott hat mir nicht die Liebe zur abstrakten Wissenschaft in die Wiege gelegt. Doch nie fühlte ich mich Fachtheologen gegenüber benachteiligt. Schlimmstenfalls konnte ich mir bei ihnen immer noch Rat holen.

Meist aber genügte mir der „innere Lehrer", von dem Johannes spricht (1 Joh 2, 27). Und wenn ich jeden Morgen im 51. Psalm bete: „Im Geheimen lehrst du mich Weisheit", dann meint auch das kein abstraktes Gotteswissen. Ich begegne Gottes Wort unvoreingenommen. Ich nehme es ernst, weil es auch mich ernst nimmt. Ich muß mich ihm stellen, ihm die ganze Welt gegenüberstellen. Der Herr der Welt hat mit allem zu tun, und ich habe es in allem mit Gott zu tun. Dann wird Gottes Wort aufregend aktuell für mich und die Welt.

Ich lasse das, was geschieht, was ich wahrnehme, von Gottes Licht anstrahlen. Das erleuchtet auch mich. Ich bin in den Kernschatten seines Lichtes geraten: vom bloßen Erkennen ins Beschauen; von außen nach innen, in Gottes Geheimnis mit uns, das Glaubende sehend macht. Das erschließt mir Zusammenhänge und Botschaften aller Art. Man muß nur auf Suche gehen nach Gottes versteckten Kassibern. Kinder wissen es aus Erfahrung: Ostereier suchen lohnt sich. Kein Wunder, wenn aus solchen Entdeckungen irgendwann Bild- und Wortmeditationen entstanden.

Beim Malen jedoch öffnete kein Horizont seine Grenzen, wenn ein Christuskopf Gestalt werden sollte. Eines Tages erkannte ich den Grund meines Unvermögens. Weil der menschgewordene Gott *allen* Menschen begegnen will, von *jedem* als Bruder und Retter erkannt sein will, schweigt das Evangelium über sein Äußeres. Sein *Wort* ist sein Paßbild. Der Glaube an sein Wort enthält auch sein Antlitz. Jedes Menschengesicht trägt seine Spur. Nur glaubend kann ich es wahrnehmen. Jeder Versuch, den authentischen Christus abbilden zu wollen, muß scheitern. Er ist mit dem Auferstandenen verherrlicht worden. Mußte nicht schon Maria im Garten sein „Halte mich nicht fest" (Joh 20, 17) hören, um ihm *glaubend* nachfolgen zu können? Jetzt hatte ich verstanden: Die durchbohrte Hand des Erhöhten liegt auf meinen Augen und verhindert, daß ich an seinem Herrlichkeitsglanz sterbe (Ex 33, 20). Als ich das erkannt hatte, war ich zufrieden und wollte nicht länger sein Antlitz bannen.

Nachdem ich in der Pubertät vergeblich auf das Außergewöhnliche gewartet hatte, begann ich, Gottes Handschrift im Alltag zu suchen. Ich erkannte, daß der „*Trans*-rapid" in die noch verhüllte Wirklichkeit Gottes der Glaube ist. Wurde Gott nicht für *alle* Christen im Glauben erfahrbar? Konnte ich nicht glaubend alle Vordergründigkeit der Ereignisse durchdringen? Der Glaube war der Schlüssel in Gottes Bereich. Der Schrei des Gekreuzigten nach dem abwesenden Vater war ein *Glaubensbekenntnis*! Ich muß nichts fühlen und nichts erfahren von Gott. Im nackten Glauben erreiche ich ihn. Es ist wie bei Mose, als Jahwe ihn auf den Sinai rief: „Und Mose ging mitten in die Finsterwolke hinein, in der Gott war" (Ex 24, 18).

In diese Finsterwolke, die Gegenwart birgt, holt mich jede Zähmung, jede Zumutung Gottes. Das hilft mir. Gerade *weil* ich oft ohnmächtig ausgeliefert bin, kann Gott mit Meißel und Hammer sein Werk an mir tun. *Werden* geschieht so, damit ich kein Torso bleibe. Ja, glauben kann oft ein Gott-Aushalten sein. Aber es ist eben Gott und kein Fatum, auch nicht irgendein Mensch.

Als Gott ein Mensch wurde, hat er den Himmel *geerdet*. Ich brauche keine Visionen.

Unsere weisen Alten

Altersweisheit ist keine normale Alterserscheinung; sie ist auch nicht an Bildung und Wissen gebunden und kann mit vielen Gebrechen gepaart sein. Gerade sie verweisen auf die Herkunft der Weisheit, jenseits aller Vergänglichkeit. Altersweisheit ist aufgegangene Saat, die vor Zeiten, vielleicht unter Tränen, gesät wurde. Das Herz hat die Ernte gespeichert als Brot für den Winter.

In den vielen Klosterjahren habe ich viele Mitschwestern altern sehen und alte bis zu ihrem Heimgang begleitet. Dabei erlebte ich: Wohl altern wir zeitgleich, doch wir verändern uns sehr verschieden.

Das wechselnde Antlitz der Natur ist von den Jahreszeiten geprägt. Jede Veränderung kommt von *außen*: einmal vom jeweiligen Wetter, dann wieder färbt unsere eigene Gestimmtheit das Erleben in Dur oder in Moll.

Auch Lebensphasen sind Jahreszeiten mit je eigener Prägung. Wenn wir ab dreißig für unser Gesicht verantwortlich sind, verraten die Züge, wie wir mit dem Leben umgegangen sind oder das Leben mit uns. Jedes Make-up betont oder verbirgt das Gewordene; vielleicht nur die Müdigkeit und den Schmerz, vielleicht auch die innere Leere. Nonnen schminken sich nicht. Deshalb erfahren wir, ob der Verschleiß und die Last der Jahre ein Antlitz nicht auch von *innen* verändern kann. Es kann durchscheinend werden; es leuchtet und lächelt durch alle Runzeln und Falten hindurch. Ich kann es mir nicht erklären. Ich muß nur immerfort hinschauen und habe Heimweh, weil das Paradies fast mit Händen zu greifen ist.

Ich glaube, in einem solchen Gesicht hat der Herr schon ein wenig die Muschel geöffnet, damit wir erleben können, wie ein winziges Sandkorn zur kostbaren Perle heranreifen durfte. Auch ihre schlichten Worte sind ewigkeitsschwer. Sie wissen es nicht. Sie wurden in ihnen geboren aus dem lebenslangen Umgang mit Gott im Gebet, in der Heiligen Schrift, in der Feier der Eucharistie.

Auch ihre Leiden haben sie weise gemacht. Ihr Weg zu Gott ist so kurz wie ihr Ja zu seinem Verfügen; mögen sie taub oder blind oder stumm sein. Nichts vermag ihren Frieden auszuhöhlen. Auch Schmerzen entmachten ihn nicht. Diese weise gewordenen Alten tragen mich, weisen mir den Weg, wenn mir der Alltag den Himmel verhängt.

Friedlicher Tod?

Die Todesursache muß keineswegs friedlich sein. Doch sobald die Totenstarre gewichen ist, verkünden alle Gesichter Frieden, der nicht von dieser Welt ist (vgl. Joh 14, 27). Im Kloster habe ich fast alle Mitschwestern friedlich sterben sehen. Auch lebenslange Angst vor dem Sterben war dann weggewischt wie ein Traum.

Israel verbindet Sterben mit dem „Kuß des Todes". Er ist keine Metapher, die über das Scheiden hinwegtrösten soll. Der Auferstandene selbst küßt den Aufbrechenden. Es ist ein Kuß der Begrüßung an der Schwelle des Paradieses. Er besiegelt uns als Eigentum Gottes und öffnet uns die Tür ins ewige Leben. Was Wunder, daß sich das Antlitz bei Gottes Berührung entspannt und verjüngt, ja, verklärt! Immer wieder dürfen wir das bei der Totenwache erfahren, wenn wir am offenen Sarg Stunde um Stunde zu zweien die Psalmen beten. Die heiligen Worte erhellen, was sich im Unsichtbaren ereignet. Wir erleben – mal mehr, mal weniger –, wie die „Hülle" vom Antlitz entfernt wird und die Herrlichkeit des Herrn sich darin spiegelt und ein Mensch verwandelt wird in *Sein* Bild und Gleichnis, Sein einmaliges Wort (vgl. 2 Kor 3, 18). Da werden wir wie die Jünger auf dem Tabor Zeugen einer Verwandlung (Mt 17, 1 ff). Wenn wir dann am Begräbnistag in der Rekreation unsere Erlebnisse austauschen, weiß jeder von uns: Zu Gott heimgehen lohnt sich!

Unvergeßlich bleibt mir der Heimgang von P. Odo Casel aus Maria Laach. Ich kleine Novizin war der einzige Zeuge seines österlichen Hinübergangs. Ich durfte ihm das Suscipe, unser Profeß- und Sterbelied, singen. Beim Exsultet der Osternacht-Liturgie hatte er einen Hirnschlag erlitten und starb beim Erscheinen des Morgensterns. Am Ostermittwoch begruben wir ihn mit dem Eingangslied „Venite Benedicti!" – „Kommt, ihr Gesegneten!" – auf unserem Friedhof. Später durften wir ihn in unserer Krypta beisetzen. Schon bei meinem ersten Klosterbesuch 1940 hat er meinen Eintritt (1946) unterstützt. P. Odo hat mich eingekleidet und bis zu seinem Sterben begleitet. Während all der Jahre durfte ich ihn ärztlich betreuen. Nun bete ich aus seinem Brevier und weiß mich weiter von ihm begleitet.

Was zuletzt zählt

Ungeprüft geht niemand durchs Leben. Meine Gedanken und Worte werden gewogen, ob sie aus Gott sind, ob sie von meinem Leben gedeckt sind. Je länger ich Christus nachfolge, um so fragwürdiger werde ich mir. Es sind nicht das Alter und der Verschleiß, es ist die Erfahrung der eigenen Erbärmlichkeit, die zunimmt in der Begegnung mit dem großen Erbarmer. Es ist die Begegnung mit dem verborgenen Gott, der mich mir selber verbirgt, indem er mich an sich zieht. Der Unendliche macht zunehmend meine Endlichkeit sichtbar. Auch in der Gottesbeziehung verändern Nähe und Ferne die Maße. Inzwischen habe ich Gott nichts mehr zu bieten als mein Versagen. Nicht mehr Erstrebtes, Erreichbares stehen im Ziel, sondern das Kommen des Herrn, der meine Erlösung vollenden wird. Das macht mich gelassen in aller Armseligkeit.

Weil mich schon früh Gottes erlösende Liebe gepackt hatte, konnte ich mit den gängigen Darstellungen der „Letzten Dinge" nie etwas anfangen. Je mehr ich in der Hl. Schrift dem Herrn ins Herz schauen durfte, um so überzeugter war ich von der Erlösung aller Menschen. Hörten wir nicht in jeder Eucharistiefeier vom „Lamm Gottes, das die Sünde der ganzen Welt hinweggenommen" hat? Wenn der Erlöser der Welt am Kreuz ein für allemal unseren Schuldschein zerrissen hat, konnte das Letzte Gericht doch keine Abrechnung sein! Aber Vollerlösung, Heimholung ins ewige Leben. Ich bin mitschuldig am Unglauben der Welt, weil ich durch mein Verhalten Gottes erlösende Liebe mehr verstellt als bezeugt habe. Aber bin ich nicht auch ihre Stimme, dazu bestellt, ihre Verzweiflung, ihr verschüttetes Heimweh, ihren verlorenen und ungeborenen Glauben vor Gott zu tragen? Dann vertrete ich sie auch, wenn ich heimgehe. Dann umschließt *meine* Glaubensantwort an den Erlöser auch ihre.

Zuletzt geht es um den Glauben. Deshalb berichte ich auch von meiner schwersten Prüfung. 1951 wurde ich an meiner Lebenswurzel gepackt. Eine dämonische Macht wollte mir den Glauben, wollte mir Christus entreißen. Es ging um Leben und Tod. Das überstieg jede moralische Schuld. Ich war in den Sog absoluten Unglaubens geraten. „Das Mysterium des Bösen" hatte sein Maul aufgerissen, um mich zu verschlingen. Drei Tage und Nächte habe ich ihm Gottes Wort entgegengeschleudert. Von einem Augenblick zum anderen war alles vorbei. Ich ruhte wieder in Gott. In diesen Tagen habe ich die Kraft des Gotteswortes erfahren. Wundert es dann, daß ich diese Waffe gegen das Böse nie mehr losließ, sie nie mehr vergaß?

Natürlich stand ich schon früher im Prüfstand, wenn ich an die Nazizeit denke, die unsere Familie bis zum Kriegsende herausforderte, an meine Isolationshaft, die Verhöre und nachher die Verwüstungen der Bombenangriffe und zuletzt die Schlacht um Berlin. Dennoch hatte diese Glaubensprüfung eine ganz andere Dimension.

Meine Vorgeschichte hatte mich gelehrt, Erprobungen nicht auszuweichen und sie vor Gott auszutragen. Weil die meisten Fragen, die wir in Grenzsituationen an Gott stellen, getarnte Fluchtversuche sind, erübrigten sie sich. Schon früh wußte ich, daß alles, was mir Gott zumutet, von mir fordert, mir nimmt oder zuläßt, gut für mich war. Das ersparte mir Selbstmitleid und machte mich angstlos. Wenn Gott für mich sorgte, konnte ich mich derzeit um andere sorgen. Das erfuhr ich bei Operationen, die von vielen Komplikationen begleitet waren.

Wie anders konnte ich auf Gottes „erfindungsreiche" Liebe antworten als mit Vertrauen? Das minderte zwar nicht die Schmerzen, doch sicherte es meinen Frieden. Als Prüfung erfuhr ich auch mein plötzliches Ausscheiden als Arzt sowie meinen Exodus aus dem künstlerischen Schaffen, als ich ersatzlos mein Atelier räumen mußte. Im konkreten Lassen fordert der Herr seine „Raten" ein. Sie machen mir mein „alles" bewußt. Doch jede Prüfung entläßt mich auch freier.

Nein, Gott ausgeliefert zu leben ist kein „Osterspaziergang", aber ein währendes Hinüber ins „Ostern". Ich kann es bezeugen: Es macht glücklicher, Gott als sich selbst zu umkreisen und wichtig zu nehmen.

Gebündelte Lebenserfahrung

Wenn das achtzigste Lebensjahr vor der Tür steht, erlaubt der Rückblick zu worfeln, um Spreu vom Weizen zu scheiden. Nur was gemahlen wurde, konnte auch Brot zum Austeilen werden.

Bis zu meinem Eintritt habe ich in Berlin, im Zentrum unserer Geschichte, gelebt. Auch in Herstelle geschah das, nur anders. Deshalb mußte ich von meinem Leben als Nonne meditativer, selbstkritischer berichten. Wenn es zuvor Ereignisse waren, die meinen Einsatz verlangten, so ist es jetzt unser gemeinsames Leben, das von Gebet und vielerlei Arbeit bestimmt ist. Die Erfahrungen und Einsichten mit uns und dem Weltgeschehen werden durch unsere Gottesbeziehung verändert. Das gibt dem Alltäglichsten eine neue Dimension. Unser zurückgezogenes Leben bekommt für die gehetzten Menschen „draußen", die sich oft wie verbrauchte Roboter fühlen, die Funktion eines Zwischensteckers, einer Verbindungsschnur, damit der Kontakt mit Gottes „Kraftstrom" gesichert ist. Gerade unser Verzicht auf Grundwerte der Welt können hinweisen auf eine Sinnerfüllung jenseits alles Vergänglichen. Kann unser Dasein nicht Hinfälligkeit und Verlust relativieren, weil es unsere Erwartung ins unendliche Leben verlagert? Ist unser existentielles Erinnern kein konstruktiver Beitrag „zum Leben der Welt"?

Schon vor dem Eintritt vermochte ich mich nicht hinter Buchstaben und Menschen abzusichern und zu verstekken. Deshalb befragte ich bei anstehenden Entscheidungen den Herrn selbst, wie er, der Menschgewordene, sich in meiner Lage verhalten würde. Ich erhalte kein Rezept, aber der Herr justiert meinen Kompaß. Weil Christus am Kreuz starb, wird auch für mich das Resultat zweitrangig.

Wenn ich Gefahr laufe, den Herrn zu verraten, frage ich mich, ob ich den Herrn in unser Beisammen einladen will oder ob er unerwünscht ist. Dann habe ich Klarheit.

Mein Aktionsradius als Benediktinerin ist ungleich größer, als er in der „Welt" hätte sein können. Nicht nur die Aufgaben im Sprechzimmer und Besinnungstage usw., auch Begegnungen außerhalb des Klosters: Aufenthalte in Kliniken und Rehabilitationszentren, die zehn Semester an den Kölner Werkschulen, auch Zufallsbegegnungen in den Ferien, wenn ich zum „Aufmöbeln" in die Davoser Berge geschickt wurde, haben dazu beigetragen. Meist gab das Ordenskleid Anlaß zu einem Gespräch. Manche dieser Bekanntschaften sind schon „in die Jahre gekommen" und zu Freundschaften gereift. Manchmal haben sie auch Kreise gezogen, wenn ich z. B. Rotariern etwas von unserem unbekannten Leben hinter Klostermauern erzählen sollte. Ich stellte es unter die Frage: „Sind Nonnen noch zeitgemäß?"

Da ich mehrfach Weihnachten und Ostern in Kliniken zubringen mußte, konnte ich dann nicht an unserer Festliturgie teilnehmen. Während mich meine Mitschwestern deswegen bedauerten, machte ich eine ganz neue Erfahrung: Ich erlebte hautnah, weshalb Gott ein Mensch werden wollte, weshalb gerade die Kranken und Behinderten in ihm den Erlöser ihres Leibes erkannten; weshalb die Auferweckung des erniedrigten und ermordeten Menschensohnes für uns alle die einzige Hoffnung, so gewiß wie der Tod, ist. Rollstühle sind für mich zu Lehrstühlen geworden. Das Lächeln der Leidenden trügt nicht. Sie wissen, wem sie geglaubt haben. Diese Erfahrung war lebenswichtig für mich; sie verwurzelte unsere Liturgie in unser konkretes Leben und Leiden. In der Feier des Heilswerkes sind oben und unten miteinander verknotet.

Im Rückblick auf meinen Weg als Nonne bestätigt sich die Weisheit Benedikts in seiner Regel. Er macht dem Neuling nichts vor, wenn er vom engen Weg des Anfangs spricht. Auch für mich war die Enge allgegenwärtig. Doch ich habe von den Bäumen gelernt, die gleichzeitig mit mir in die Klostererde gepflanzt wurden. Sie ließen sich durch die Mauer nicht einschüchtern, sondern wuchsen über die Mauer und Dächer hinaus in den Himmel hinein.

Jeder Wachstumsschub verändert die Sicht und die Größenverhältnisse. Ich kann mehr überschauen, mein Abstand zu vielem, was mir früher wichtig schien, wächst. Auch die Nähe zu den Mitmenschen hat sich verändert. Sie ist dichter, weil durchsichtiger geworden. Zuletzt zählt nur das liebende Herz. Dort spielt sich alles ab, was ich vor Gott bin. Denn schon Benedikt warnt seine Mönche vor den Sarabaiten (eine Mönchsart), die „durch ihre Tonsur Gott belügen". Nicht unser Gewand, nicht unsere Weihe sind Garantien. Auch wir können damit unsere Berufung verraten.

Zwar hat die Beständigkeit in der Gemeinschaft meinen früheren Freiheitsraum beschnitten, doch gerade durch meine Bindung hat „mich der Herr über alle Grenzen hinaus ins Weite geführt und mich frei gemacht" (Ps 18, 20).

Der enge Weg am Beginn weist aufs Ziel, von dem Benedikt sagt: „Wer aber im klösterlichen Leben und im Glauben fortschreitet, dem wird das Herz weit" (Prolog). Deshalb will ich das „Seil der Liebe" nicht loslassen und freue mich auf das Schauen „von Gesicht zu Gesicht" (1 Joh 3, 2).

Nachwort

„Ich will das Seil seiner Liebe nicht loslassen und freue mich auf das Schauen von Gesicht zu Gesicht." Mit diesem Satz schließt Kyrilla Spiecker ihren Lebensbericht. Achtzig Jahre Leben – runde fünfzig davon in einem kontemplativen Kloster. Daß sie einen weiblichen Zeitgenossen nicht in ein Abstraktum verwandeln müssen, beweist das vorliegende Buch. Schwester Kyrilla erzählt ihren Lebensweg. Sie ist ein Mensch, der es nicht leicht hat und dem es in langen Jahren nicht leichtgemacht wurde. Doch mit Mut und Herzenskraft, Standhalten und Gottes-Vertrauen ist sie ihren eigenen Weg gegangen. Dazu zählen Kriegs- und Besetzungsjahre in Berlin, Gestapohaft, Flucht des politisch verfemten Vaters vor Hitler und seinen Mördern ins Exil, eingeschränkter Alltag mit Mutter und Geschwistern unter schweren Bedingungen, etliche Jahre als Ärztin in der Berliner Charité und den Lazaretten des Zweiten Weltkriegs.

Adelheid-Kyrilla Spiecker hat Begebenheiten zu berichten, die unter die Haut gehen. Sie schreibt darüber mit knappen Sätzen, beinahe spröde, jedoch kaum langweilig, manchmal mit Selbstironie. Und wenn ihr Buch an nicht wenigen Stellen diskret und verschwiegen wirkt, so liegt das offensichtlich weniger an Zensur oder Selbstzensur. Hier ist eine Spieckersche Familientugend am Werk: Berlinische Raison, Selbstdisziplin und Humor lassen keine Geschwätzigkeiten noch Herzensergüsse zu. Natürlich kommt auch ein Generationsmerkmal zum Vorschein – ehe man Gefühle mitteilt, legt man sich lieber die Hand auf den Mund.

Kyrilla Spiecker weiß ihren Vater und ihre Mutter blickscharf zu porträtieren: das Aufgehen Karl Spieckers in der politischen Verantwortung; die Lebenstapferkeit der Mutter in den Exiljahren des Vaters und danach, als sich ihr Mann von neuem in die politische Arbeit stürzt. Mit exaktem Witz berichtet die Autorin vom Kindheits- und Jugendalltag mit den drei Geschwistern, von Neigungen und Reibereien, Charakterstärken und -schwächen. Der Leser kann einen Blick auf die Entwicklung und den Lebenslauf des jüngeren Bruders Wolfgang-Rochus Spiecker werfen, der als Prediger, Schriftsteller und Medienmann im Dominikanerorden eine deutliche Spur in den Herzen vieler Menschen hinterlassen hat.

Oft ist in diesem Lebensbericht vom Tod die Rede; nie jedoch verbittert oder sentimental. Auch körperliche Schwächen und nicht wenige Krankheiten haben Schwester Kyrillas Tage (und Nächte) begleitet. Freilich ist sie nicht bei Schwierigkeiten und Nackenschlägen stehengeblieben – sie haben, wie sie bekennt, vielmehr ihr Herz geweitet. Nun kann sie besser begreifen, wie es anderen zumute ist, und ihnen womöglich helfen.

Hingebung ohne Vorbehalte, die Absage an jede Art von religiösem „Leistungswillen", das leidenschaftlich-bewegte JA zu Führungen und Fügungen – das ist die Quintessenz des Lebensberichts der Kyrilla Spiecker. Und damit hat er gewiß zahlreichen Menschen etwas zu sagen: Betenden und Nichtbetenden, auch Suchenden, Fragenden und Gequälten.

Erich Kock

Verzeichnis der Fachbegriffe

Äbtissin	Vorsteherin in einer Frauenabtei mit Klausur
Abtei	Ein Mönchs- oder Frauenkloster unter äbtlicher Leitung
Anamnese	Hier als medizinischer Terminus für Krankengeschichte
Chorgebet	Gemeinsames Psalmengebet in der Kirche
Direktorium	Verzeichnis der liturgisch-gottesdienstlichen Festordnung
Einkleidung	Einweisung ins Noviziat durch Überreichung des Ordenskleides, des weißen Schleiers und des Klosternamens
Extraordinarius	Außergewöhnlicher Beichtvater, der mehrmals im Jahr die Beichte der Nonnen hört
Exsultet	„Juble!" – das erste Wort der Lichtfeier in der Osternacht
Gelübde	Ein vor Gott abgelegtes Versprechen vor der anwesenden Gemeinschaft, der Äbtissin und einem Vertreter der Kirche. Die zeitlichen Gelübde münden in die ewigen, d. h. bis zum Tod. Die „feierlichen" Gelübde unterscheiden sich von den „einfachen" durch kirchenrechtliche Bestimmungen
Gregorianischer Choral	Einstimmiger, lateinischer Gesang der frühen westlichen Kirche
Infirmarin	Die für die Kranken Zuständige
Infirmerie	Krankenstation
Jungfrauenweihe	Seit der Urkirche eine Form gottgeweihten Lebens. Anfangs noch in

	der Familie. Durch eine eigene Weihe bestätigt und verpflichtend
Klausur	Abgeschlossener Bereich, zu dem Fremde keinen Zutritt haben
Klausurgitter	Es teilte bis zum Konzil das Sprechzimmer sowie die Kirche zwischen Nonnen und Besuchern bzw. den Priestern
Komplet	Das Nachtgebet, mit dem der Tag abschließt
Liturgie	Gottesdienstfeier
monastisch	Dem Mönchsleben entsprechend / monasterium = Kloster
Novizin	Der eingekleidete „Neuling" im Kloster
Nonne	Bezeichnung für eine Klosterfrau mit Gelübden
Neumen	„Noten"-Schrift der Gregorianik
Profeß	Entspricht dem gültigen Versprechen der Gelübde-Ablegung
Postulantin	Wörtlich: eine um Aufnahme Bittende, die in Zivil am Klosterleben teilnimmt
placet!	Genehmigt!
Pax	Friedenskuß in der Messe, bei der Begrüßung oder Aussöhnung
Rekreation	Gemeinsame Freizeit
Spiritual	Der für das Kloster zuständige Hausgeistliche
Vigilien	Das gemeinsame abendliche Chorgebet – „Nachtwache", das mit der Komplet abschließt